給青年學生的十封信

黃崑巖 著

Letters to a Young Student

聯經

黃崑巖

序：寫信

黃崑巖

記得端坐在窗明几淨的書桌前，從抽屜裡拿出一張珍藏已久的信紙，悄悄地把自己心裡的話匣子打開，把藏在裡面的私情或隱密一一倒出，從筆尖流出成字，著成文章的日子？這些藝術，正被現代科技的產物與忙碌的現代生活方式所排擠而匿跡。

代之而起的科技新產物，包括電話、手機、傳眞與電子郵件。這些產物所引起的革新有人稱爲ＩＴ，指的是資訊科技的一種革命。ＩＴ的這些玩意兒正在排擠溫馨寫書翰的藝術。我們應該如何面對這新局面？我們是否認爲它是進化路上人類必走之路而隨波逐流，甘願委身而接受它？

哈佛大學前文理學院院長羅索夫斯基（Henry Rosovsky）卻和我同調，不這麼想。他認爲只要能操作這些科技工具，具體的資訊一定在不出幾秒之後入手。但人際關係的問題，任何科技的新穎玩具都沒法沾邊。我知道，有科學家在研究具有喜怒哀樂情緒的電腦，但這類電腦還是無法與人的情緒變化相比。寫信的藝術是不會失傳的。

電話公司的技術經過不斷的改進，大幅地降低了它的費用，使消費者方便拿取聽筒與對方對話，我承認我也常利用它。但它的功能是對話，所以商洽事物尤其方便。但電話對談兩方無法像收信者可以靜讀送信者傳達的心音，更沒有書簡有講完才止的一面倒效果，更談不上有寫信時遣辭用字的優點，侃侃而談因此很難做到，這是電話與寫信比較，少了一份情懷藝術的緣由。搞不好，電話裡引起對話爭吵的機會較多，原因在此。

手機具有電話所有的長處之外，還具有機動性。因爲對話者能攜帶著它到處跑，所以對確定對話者的位置特別有用，是迷路時的救星，有急事要通報更只要舉手之勞，所以特別受年輕人的喜愛。但相對的，它也具備了電話所有的缺點，而且方便了智慧型犯罪者利用來作爲重要工具，與書簡相較，它是一個可憎的存在。

電子郵件似乎具有書簡的優點，但不管用的是中文還是外文，寫到結尾無法像從前一樣的署名而結束全文時，送信者就知道它缺少了書翰畫龍點睛的妙處與快感，所以我對電子郵件始終產生不了親切之感。我承認它如高速公路的效果，想說的事一發出去，回信當天就到的神速是現代科技的禮物。尤其是澳洲，雖說搭飛機要花上十小時或更多方能到達，它時間帶的位置與台灣卻相差不遠。換句話說，我們上班，澳洲人也上班，起居作息幾乎同步，所以送出去的電子郵件有時二十分鐘不到就有回覆送到你的電腦裡。但這種快速簡便也完全拭去上述與寫信相較時的失落感，對我來說幾是無可奈何。

傳眞當然也快，說送就送，隔洋也在數分鐘內解決文件的來往。可以簽名，信可以保存原狀，故曰傳眞。但它有兩個敗筆：第一、不管怎麼說，它永遠是副本，正本還得另寄。第二、除非傳眞機是私用的，隱密性很不容易保證。想想看，周一抵達辦公室，先要彎腰撿起滿地的傳眞文件與隱密的私信，傳眞機的缺點不是歷歷呈現！

寫信是溝通的一種，純靠文字傳達，不靠言語、肢體與穿著等等來輔助。有文才當然有幫助，但眞情的流露更是溝通成敗所賴。它要精簡，也要發人省思，所以文字也要考究一番。太長的信會使收信者起膩，中途而廢，或根本無暇看完，寄信者的苦心會落得白費。因此寫一封好信，有許多作料相配，風味與情感具現，更有啓發價值。有一位大文豪寫了一封五頁長的信給女兒而加上了下列道歉的註解，我是很能了解箇中緣由的：

抱歉，我今天沒有時間好好地思考，所以寫了五頁長的信。如果我有充分的時間，這會是一封一頁長的短信。

這註解道出了不少寫信的藝術。但願這書裡的信會談到各位平常關注的問題。我不是大文豪，但是關心諸問題之情與讀者是沒有兩樣的。

給青年學生的十封信
目次

第一封信

愛因斯坦與聯想力

朋友：

記得那句擲地有聲的名言：「拿出證據來！」一說這是胡適之說的，但我著實不知源於何人。它寓有科學家秉持的實證主義，也有支撐科學所以存在的所有精神。可惜，世上所有的事不見得都可以用證據來證明眞假虛實，很多事情根本連實驗都無法讓你設計，遑論要拿出證據證明眞假！遇到不能證明的事我們只能從心裡領受而信服它，信不信因人而異，所有的宗教信仰恐怕屬於這一類。試問誰能證明或否定耶穌是神差遣來到人間佈道的兒子呢？又有誰能否定或證明生命有輪迴？但是記得，你如果不信，你至少可以懷疑它。笛卡兒在那思想混亂的十七世紀曾說了一句名言：「我思故我在。」何謂「思」？笛卡兒是法國人，這一句經人譯爲英文，有時「思」字被譯爲「懷疑」，而懷疑往往是聯想找答案的開端。

我在新竹中學時有位數學老師不時提醒，做人要能「大膽假設但小心求證」。懷疑一經點火，可以沿著思考與聯想而延燒。但懷疑是懷疑了，後繼無力而導火未成或根本不做思考求答案的人並不少，這種人的聯想力永不會增強。

人不能預料而只能想像的，包括所謂的將來。如果我們能預測得到將來的話多好！如果能預料未來，一定省掉不少麻煩、精神與時間，避免很多意外。將來可能是從現在這個時間點一分鐘以後的事。但我們都要知道，如果我們能事前掌握將來會發生的事，生活可能會變得很無聊。所以預知將來的功力顯然是雙刃的刀，帶給你的不一定都是幸福。我曾提起有一首歌叫"Que sera sera"，是電影「擒兇記」的主題歌，意思也在強調將來的事情會如何演變，人無法預知的無奈。從前生醫科技還沒發達或未普遍時，生男生女要等到嬰兒呱呱墜地才會知曉，它是驚喜，也可能是一陣失望。現在呢？現代科技發達也普及了，母體有孕幾周醫師就能告知懷的是男是女，這不啻奪走了分娩時帶來的驚喜。從另一方面來說，要是胎兒性別不是父母所期望的，會使懷孕單調得難耐，在懷孕期藉口墮胎的機率也因而會增加。

另外一個永遠無法預測的事是死後生靈的去處，這麻煩的起因是我們都沒死過，所以不知那邊天下裡藏著什麼神秘故事。我們的生靈死後到底是與身軀同歸於盡，化爲烏有？或生靈是否能再生、升天國或下地獄，總是解不開的一團謎。有人相信幽谷的那端另有世界，叫做“life after death”。研究這類問題的學問屬於生死學（thanatology）。他們最寶貴的研究對象是瀕臨死亡邊緣但免於死亡而生返的人，這些人算是經驗了一番"near death"。但有瀕死經驗的人說的是否就眞是漫遊了死後世界是大有商榷餘地的。到頭來，這些人所陳述的恐怕也是聯想的成分多。

我們無法洞悉將來，但大可預測。有時候，白晝作夢也無妨。預測是不需要任何花費的。生物學家威爾森（E. O. Wilson）就認爲白晝作夢是青少年長大必經的階段過程，是成長的證明。膽大而敢預測將來的人，有時候叫預言者。由我看來，預言者有兩種，第一種預言家的主張有靈感上的感應與領悟，卻乏於邏輯演繹或證據，換言之，缺乏理論的基礎，這還是屬於上述信不信由你的藩籬，這種預言者多半與宗教有關。第二種預言者是有理論根據的，這些預言者靠的是他的學問、視野與邏輯演繹。《時代周刊》在二十世紀即將落幕時，舉行一次由世界學者、名人投票決定最能代表二十世紀的人物，贏得這項頭銜的就是愛因斯坦。愛因斯坦曾鼓勵後代一句話：「聯想力比知識重要。」

事實上，愛因斯坦的許多學理是預測而產生的，證明的工作則有不少仰仗別人。就以他的相對論來說，它是一種根據計算與分析而於一九一六年得到的結論而已。一九一九年十一月，英國倫敦皇家學會（Royal Society of London）宣布他們派了隊伍到非洲迦納灣上的小島，硬等到五月二十日的一次日蝕的機會，根據實際觀測與計算而證實了愛因斯坦先前的預測完全正確。經過這一批科學家的考驗，愛因斯坦才在一九二一年因其在光電定律及理論物理學的成就爲由，獲得諾貝爾物理獎，使他的名望一舉升高。能抓住要點而善於聯想是他的本性。我於一九九五年曾訪問過他生前在瑞士蘇黎世大學圖書館一角落的辦公室兼研究室，整個研究室可以說是空蕩蕩而無一物，只有一張桌椅與沒放任何東西在裡面的書櫃，在桌上有一枝鉛筆及寫紙一疊，料想是管理人想藉此表示愛氏靠想像力導引他思索的習性而來的主意。他想出一個理論，別人還得忙著靠精密儀器苦心證實它呢！

我的指導教授艾米里歐．魏斯（Emilio Weiss）是美國有名的立克次體專家。我在他研究室拜他爲師的那一段時候，他幾乎每天都要提醒我做科學研究要富於想像力。他的提醒與愛因斯坦所說的如出一轍，這一番話當然有其影響而對我有了潛移默化的效果。我於一九八九年請他來訪我創立的成大醫學院，他一一參觀了寓有我巧思的成大各項設施後，給我的評語是簡單的一句：「我佩服你的聯想力與創意！」

位於德國南部的維茨堡大學，有現已成紀念館的倫琴

（Roentgen, Wilhelm Conrad），即X－光線的發現者的實驗室。倫琴的研究室保存擺滿了他用過的儀器，這些衆多儀器擺在那裡，靜靜地告訴我們倫琴與愛因斯坦不同的研究方式與證明的方法。但愛因斯坦與倫琴有共同之點，即他們的觀察力與聯想力旗鼓相當。倫琴觀察陰極放射線時偶然看到X光線所投下的綠光。就抓著它緊追不捨，聯想與查證它的來源而終於發現了可以窺視身體內部的X－光線，帶起了醫學界與非醫學界的一個革命。

我也很佩服一些小說家的聯想力，尤其不能忽視的是偵探或推理小說家的聯想力。我念了阿格莎・克莉絲蒂（Agatha Christie）的傳記，對她神乎奇技似的聯想才華大爲傾倒。克莉絲蒂可以在餐廳進餐時，邊吃邊偷聽隔鄰餐桌的年輕夫婦的對話，回家就能編出一套偵探故事，是我一輩子無法學習的才華。

說到這裡，福爾摩斯是一位原來立志成為眼科醫師、名為柯南・道爾的人的創作。我讀過道爾的傳記，才知道他寫福爾摩斯系列故事的動機與靈感，這個動機與聯想力也有直接關係。道爾有一天跟著一位外科教授在門診學看病人，不久一位穿著蘇格蘭裙、正式上裝而且頭戴帽子的男病人推門進了診間。指導他的外科教授遠遠一看就問病人：「你從前是否是軍人？」結果出乎道爾意料，病人兩腳跟一併，立即回答：「是！」（Yes sir！）外科教授再問：「你是否退役不久？」病人又立正回答：「是！」外科教授接著問：「你以前在加勒比海巴貝多駐過軍吧？」病人的回答又是：「是！」弄得在旁邊實習的道爾丈二金剛摸不著頭緒，巴不得教授趕快看完病人，好好問教授到底看到了什麼自己沒注意到的東西。病人一離開，道爾趕忙問了教授，教授回答說要磨練觀察力與聯想力，才能制敵於先。他說：「病人一進門，我就看他未脫帽子。在英國，包括蘇格蘭在內，人在室內不脫帽子的只有軍人，老百姓沒有這種規矩。且病人一身平民服裝又未脫帽子，表示他是退役不久的軍人，軍人習性猶存。而裙下所露出的雙腳，遠看就曉得有象皮病的變化，如果我沒記錯，英國軍隊駐外有象皮病的地區只有加勒比海的巴貝多諸島。」整個故事表示聯想是解答一些基本問題的關鍵。這樁事件，一定給道爾很大的影響，不然他也不會在自傳裡一五一十地敘述。這種聯想力與揣測在福爾摩斯的故事裡屢次出現，並且在故事裡有華生醫師助陣破案，整個故事的結構來自何處，當不難想像。

說到這裡我不由得有兩個聯想，爲什麼偵探推理小說家密集在英國？台灣爲什麼出現不了像樣的偵探或推理小說，或搬得上檯面的偵探影片？是我們的基因裡少了這樣的一個天分？或是因爲我們後天所受的教育和英國的教育有基本的不同？我們過去有過包青天，而台灣的刑警最近所破的案子有些是可以大加喝采的，爲什麼我們卻沒人寫出像樣的偵探故事？

聯想的妙處在於不用你任何花費，要的只是腦際震盪。但這腦際震盪當然需要思考與分析，所以與白晝作夢並不完全相同。白晝作夢是一種思維的漫遊，沒有目的、沒有組織、沒有解讀任何道理的意向做出發點。聯想卻是具備所有這些要素，而且多少是強烈緊張的。人是無時無刻在想的動物，就算不做任何要腦際震盪額外的工作，每天也要花上百分之二十的熱量在腦神經。擅於聯想的人超過這百分之二十的程度必定要比光白晝作夢時來得多，所以說聯想不須任何花費也不盡正確。最近日本的神經科學家發現，下圍棋的人腦中樞的活動增加的部分在左前葉的前側部。但我相信這種儀器所測定的只是最活躍的活動中心而已，這中心一定有散布在大腦各區不易測定的輔助區域在做配合的工作。

我不曉得神經學家是否知道聯想時的活動是協調腦部的哪幾個部位、經過哪種記憶、由哪一種神經資訊傳遞物質來喚起的，但下圍棋時的思考與動作，一定是符合這種高層次的腦力活動。我更知道不同的人有不同聯想的要訣，例如說有的人認人的聯想力比地理、歷史的聯想力強，有的人則恰恰相反，認人毫無辦法，卻強於方向與自己位置的掌握，男女之間就有這種差異。所以聯想力的種類因人而大異其趣，不管一個人的聯想才華何在，聯想靠的是散布各地資訊的連結能力，這是一個高等思維行爲的特徵，下圍棋也屬於這類行爲，它是可以訓練增強的。要知道散布各部位貯存的都是等著你擷取使用的資訊。所以聯想力的增加與知識的豐富不能切開是很顯然的事。

所以愛因斯坦如果還在世，我會寫一封信告訴他我同意他聯想力比知識重要的說法。但腦裡智庫所藏的知識不多，聯想就會沒有原料而開始空轉，它會愈像白晝作夢而失去目標，解決不了問題。他曾說世界上最短的科學論文是他寫的公式$E = mc^2$，這裡的c是光速，以公里計算；m是元素的質量，E則指這物質所蘊藏的能量。有人說這公式是科學的一切，也代表了愛因斯坦的聯想力。但是，你知道愛因斯坦這公式的後面吸收了多少知識在做後盾嗎？

我有過非常得意的聯想，這聯想還有待科學的證實。有一天我在觀賞國家地理雜誌的電視節目，看到初生犢牛墜地不到十分鐘就搖曳起立四處走動，試嗅周遭樹葉測定可否食用的模樣。這立即引起我思維，爲什麼人的新生兒不能像小牛、小馬，出生不久就能頂天立地而行走於大自然，而硬是非等約一年不可？人類新生兒與嬰兒脆弱無助的德性，恐怕在哺乳動物中是獨一無二的，連和我們的壽命可相比的大象的初生小象也沒有這個問題。不久我發現我的質疑並不孤單，德國的動物學家阿道夫・波特曼（Adolf Portman）在他的《人有多少動物性？》（*Biologische Fragmente zu einer Lehre vom Menschen*）一書中主張，人的妊娠期本來應該是二十一個月而不是十個月。如果這是事實，人的新生兒會像許多哺乳動物一樣，生下不久就可直立行走，這還不要緊，可能人的新生兒與嬰兒很快就學會講話哩！那爲什麼現代人的懷孕期會短到現在這麼短呢？這原因一定複雜，當然無法一概而論，但人腦意外的快速變大是我的解釋。據估計，五十萬年前在周口店出沒的北京猿人平均身高約五英尺，腦則有一千一百西西的容量。現代人是在一時間點由猿人演化而來的當無疑問，但現代人因額葉與新皮質的擴增而使腦部增大，成爲會以語言溝通，以知性判斷而加以思索的動物。現代人的腦容量因而已經增加到一千四百多西西，增加的幅度是三成五，但相形之下身高僅增加了一成多，到五英尺半左右。猿人與現代人的外型相差有限，身高與骨盤大小有一定的比例，無疑地身高與骨盤增加會大約同步，身高增加一成五，骨盤增幅也不出一成五左右。以僅增大了一成五的骨盤產道，要讓增大三成五的腦通過的危險性是不小的，如不設法，腦受損的機率會增加。骨盤不能驟然加大而腦又繼續增大的局面，成了適者生存的自然力量的壓迫，現代人找出的出路是妊娠期的縮短。

所以人類新生兒必須長期依靠成人照顧，無法像小牛、小馬、小象、小猴具有早日獨行的特技，可能是過大的腦所惹的禍，使得人類非成爲早產兒不可，這也是腦異常增大該付出的代價。

我把聯想與解釋提供給尊敬的科學家們考慮，他們並未否定，只說值得研究。但是誰能研究五十萬年前周口店猿人的妊娠期呢？對這問題我沒有答案，但我知道這問題找人類學家或考古學家是免不了的。兩者靠的是由化石推斷的聯想。我這個由聯想激發所得的結論，是否也會像愛因斯坦一樣，等著倫敦的皇家學會替我找答案？

記得「大膽假設，小心求證。」是新知識產生的必經之起點。

第二封信

學習外語的訣竅

年輕的朋友：

學外語成了一種盛行的風尚，不少國內的幼稚園以雙語教學爲號召，教育部也在小學就推行英語教學。

但是，學外語仍是國內一樁棘手的大事。我已經提過台灣年輕朋友在托福的表現，在東南亞排行名次是倒數第四名，這已經夠使我們的警聲大響。其中使我又驚訝又氣餒的是韓國年輕人在托福超越了我們。從前我在美國喬大執教時曾經有兩位韓國研究生，聽他們講起英文，簡直是一竅不通，有如在用非洲的土語與我對話，當時常使我尷尬與啼笑皆非，我們現在的排名一看，居然落後在他們之後，多汗顏！

事實上，最近兩年親身經驗我們新世代的英文程度不如理想的事天天都有，不勝枚舉。舉一例而言，我在醫學院演講慣了，作投影片簡報引用英文短文或數據大都不成問題。但同一套視聽教材用來向非醫學系學生演講，問題就會發生，這可以從聽衆茫然的表情猜得出一大半，連代爲操作電腦的小姐都往往聽不懂我溜嘴用洋文說的"next"，即要求改放下一張的要求。這個增加了我不少麻煩，因爲有的投影片裡的英文都需要我譯爲中文，這等於要重新製作一套投影片，頗爲吃力。

我在中學時期就喜歡英文。記得高中一年級時，新竹中學的英文老師董增慶曾經向全班同學宣示，我念英文的方法很特別。這恐怕是我曾經念過日文的外文學習參考書《英語四周間》之類的書的緣故，這些書是一系列學外語的速成書，「四周間」表示保證四周內完全傳給讀者學英文的秘訣。裡面所傳的最難忘的學習訣竅是建議學習者建立面對一個生字時，習慣用語源學的眼光去剖析它，這可能就是董老師所指我學習英文與別人有異的地方。我雖然沒有確切的證據證明董老師指的是何物，但我至今還利用這種方法爲我學習外文的利器卻是事實。

這種方法與聯想力和勤查字典兩件事有直接的關聯，我在下文會舉例加以說明。利用這種方法大大地增強了我學外文的效率，後來赴台北考台大醫學系和師大數學系，數學與英文考得最好，我認爲絕非偶然。

學外語有兩個基本的方法。一個是留在國內就教於老師或者自習。初學者如果選擇自學這條路，要知道一定是一條荊棘而不好走的路。這種學習除看書學習文法，並且靠念文章來增強閱讀能力之外，還要藉錄音帶、收音機等設備練習正確的發音。不管如何，一般來說這樣學外語的效率是滿低的，但不是一條走不了的路，如果有恆，這方法仍有爲你打開一片願景的可能。留在國內學外語，當然多數人會拜講外語的外籍人士爲師。我見過不少操流利外語的年輕人，多半屬於這一類。最成功的，是那些有遠見又家境富裕的家長，請外籍老師住進家裡與學生同步起居，用的幾乎全都是外語。結果有的學生未曾遠離國內，也能說一口與留學生一樣完美無缺的外語。但這種情形還是例外與少數，因爲需要龐大的一筆金錢。

學習外語最徹底而有效的方法是到那個外語國度去，強迫自己非講當地語言不可。這無疑是一種強迫手段，強迫把自己放置在非講外語不可的世界亂撞亂試，可能由比手劃腳開始，屢敗屢戰的學習下去，這又得靠機會與經費。

不管走哪一條管道，學習成敗的關鍵在經心與否，不經心還是枉費時光的。一位秘書曾向我表明她心中的疑惑，爲什麼旅居在外多年才回國的一些學者能操流利的外語，與老外做毫無隔閡而有效的溝通，但另外有一些人在國外一段時間後，講起外語卻還是吞吞吐吐、辭不達意或欲言又止。在我看來，學好當地的語言要有幾個要素：一、要經常用它、聽它，沒事看電視，先做聽力的練習也無妨。我在英文與日文的造詣不走下坡是經常使用的結果。二、要敢講，開始時或者音調與發音稍爲走樣，但敢不敢講是關鍵。三、要能發揮聯想力，聯想力會不斷地要你用腦裡有限的字庫或詞庫，造出幾個語詞來表達你的意思。講話的機會一多，字彙增加得愈快，如互滾雪球一般。能運用有限的字彙成功表達是很痛快的，有過關斬將的感覺。我完全不同意那些一談到學習外語就雙手一攤，說自己沒有語言基因缺乏天分，所以學好外語沒有希望，只好投降了事的人。他們似乎否定了我平常爲外語下許多時間與功夫，才達到了能念數種語言書籍的境界。對這些人我要重複，沒有一項禮物是從天上掉下來的，成功要靠自己後天努力的地方可多了。

我也強調學外語絕不是爲了購物或售物，或甚至爲了旅遊方便。它有更積極而深刻的意義，那就是要經過外語的能力而了解外國的文化與習慣，進而增進認識天下。但是想達到這個境界，要學到看得懂該地的報章雜誌，閱讀外語的書籍，換句話說要達到某種程度的精通。很多同學問我何謂精通一種語言？它的基準何在？我自己的看法是，在講的方面如能達到有效地表達喜怒哀樂等等抽象的感受，則已達到精通外語的程度。達到這個境界的目的，在方便和老外朋友建立心橋，交情才會深化，因爲交友總不能永遠停留在談天氣與生活等膚淺而表面的層次。有了建立心橋的能力，或者能閱讀外文書而領受書中人物溢於字裡行間的感情起伏，學外語才算精通。

但是，所謂精通的程度是沒有邊際的。很多人認為自己已經達到了精通英文的程度，抽象與具體事物的表達皆無問題。但一聽其講外語就能分辨這個人雖然已經頗為精通，卻還未把講外語提升到「雅」的程度。我把這種沒有達到「雅」的境地的英文稱為"Street English"，就是所謂庸俗的精通。這種人擔任國家的代表，很難給外國人士好印象，進而有損國家的整體形象，對國家利益而言，有成事不足敗事有餘的顧慮。我在厄瓜多爾遇到當地官員時，他指陳我們的代表語言能力差強人意，恐怕也是這一類的問題。所以顯然精通也有不同的層次，我所努力的目標，是達到講外語要「雅」的程度。

台灣學校教學生外語的方法我不能全部苟同，過去幾乎千篇一律是由學文法起步。據我自己的觀察，沒有一個國家的嬰兒學母語是由文法學起的，外國如此，台灣不也一樣？我們回頭反省，中文的普通話以及台灣方言其實都是不太講究文法的語言，想認眞教個文法也無法教起，文法在這些語言沒被整理成一套章法規則。我們也不會去教只會牙牙學語的新生兒，學ㄅㄆㄇㄈ等注音符號。不久前國家衛生研究院來了一位在自己的研究領域頗有成就，立志在台期間學好講中文的一位老外研究員，他一天到晚在苦學如何正確發ㄅㄆㄇㄈ音，然後才開始記一些中文名詞。看他學中文這功課的掙扎，何曼德院士曾跟我透露，麥克唐納博士（Dr. McDonald）的學習步驟完全錯誤，他指出，這位老外應該做的是一個字：講。我住的公寓裡曾有一位美國在台協會供職的年輕怪才肯・萊門（Ken

Reiman），勇敢地立即「撩」下去以講爲學習中文的起點，見人就抓機會搭訕。這麼下去，他不但原本就講一口流利的日文，在台北兩年之後，居然有足夠聽、講、讀中文的能力而離開了台灣，現在被派到非洲的奈及利亞服務。這兩人學習方法的比較，帶給我不少啓示。

我早就領悟文法不必要學到天衣無縫，是非弄得一就是一、二就是二才能轉移目標學寫、讀、講外語。其實學習文法的分量應該大可以減低。所以我勸各位年輕朋友絕不要滯留在文法的階段打轉發呆，文法學到一定程度即大膽地把文法書收起來放在書架上，以後只把它當作參考書用，或者再也不碰它。如果你留在文法圈子而不走出去，學得的將會是貓追老鼠、老鼠跑之類的簡單句子，而看不到眞正的天下，看不到外語運作中的天下。我在此再次說明學外文的目的是要了解別人的文化，而念書是唯一達到這類學習的手段，否則你的知識不能變得廣闊，字庫也不會充實。

學習外語，基本上要把發音弄得正確是先決條件，但是這絕非一蹴可幾，要靠你自己的注意力，不是死從音標著手。老外怎麼說，你就怎麼說，要學得維妙維肖。如果有人說這裡就需要音樂細胞的天分來上場助陣，或者確有其眞實的一面，但是我還是要強調注意力與模仿力的養成在學外語過程的重要性。其實不管學什麼，學習都是以找出典範而予模仿爲起點的。我隨便就可舉例強調這一點，不知讀者注意過沒有？先天性聽覺障礙的新生兒，語言能力的發展一定連帶也會受到波及，這是因爲聽覺的先天性缺陷會奪去病童模仿成人發音的機會使然。由這道理出發，希望外語的發音在開始時就要正確地模仿並不過分，因爲發音與重音有時給老外聽了會差之毫釐失之千里，對方就硬是可能聽不懂。

最好的例子有Johns Hopkins。我遇到過不少曾在Johns Hopkins留學數年後回台灣的國人，居然沒有注意到Johns Hopkins並非John Hopkin的道理何在。Johns Hopkins是確有其人而他的名字用的兩字，皆有要發音的“s”在字尾，集中注意力傾聽別人怎麼發音當不難捕捉這一點，而不至於偷工減料不念它。這在念Illinois（伊利諾州）這個字時如出一轍。Illinois之發音是伊利諾，“s”在這裡不發音。但在該校留學回國的教授仍介紹自己爲伊利諾「斯」大學深造，有時讓我啼笑皆非。我常說學發音不能邋遢，就是這個道理。

其實要測試一個人發音正不正確也不必捨近求遠，要他說“no”這最簡單不過的字就可揭曉。no的音標末端不是“o”而是“u”，世界上說"no"而不說"nou"的人以日本人最多，因此"no"幾乎變成了日本英文的標準口音，而且這口音習慣一滲透到別的字裡去，就會使整個外語荒腔走板而成很重的口音。不知如何正確的說no的話，這個人一定也不會正確的說bone、downtown一類的字，是很容易料想的。中國人這一類學外語不注重發音的例子不少，也應該提高警覺。

學外語如果懂得注意語源或語根的話，我保證拼音錯誤的機會就會減少，生字也不憑死記而省掉很多麻煩。另一優點是，如果抓到語根，往往同一種語根的字能一網打盡，存入你自己的字庫。每個字的語源何在，在《韋伯辭典》裡說明極為清楚，查起來並不困難。舉一個簡單的例子說，領土叫territory，而地勢叫terrain，在《韋伯辭典》裡查驗這兩個字時，各有語根的解釋，你就可以學到

“terr”在法文或拉丁文裡代表「土」，territory不是指領土而terrain不是指地勢?·原因就在兩個字都各含有“terr”的字根在內使然。把字根一抓緊，你就能把terramycin（土黴素）、Mediterranean（地中海）、subterranean（地下的）、terrace（台地，庭院的陽台）、terra firma（地球）、terra cotta（陶瓦，如秦兵馬俑的人馬像用的黏土），以及其他所有含terr字根的所有英文字，以秋風掃落葉之勢一舉記完，因爲它們皆與土地有關，萬無一失。如果再把延伸的形容詞與名詞加起來，你可一網打盡的字恐怕不下兩打呢！

這種例子不勝枚舉，爲了你學習方便，我可以多舉值得你效法的要領。因爲這是我從新竹中學求學以來一直沿用的增強生字的法寶。

嗜酸性叫acidophil，嗜鹼性叫basophil，嗜中性叫neutrophil。用慣這三個字的人，尤其是醫技人員、醫師、護士，或生物學家會發現這三個字有共同的字根"phil"，它很可能表示「喜歡」。查查《韋伯辭典》就很容易確認我對這個字根的解讀。知道phil是由古希臘文起源，表示「喜歡」的意義之後，philharmonic這個字就容易猜對。因爲harmony表示融合、調和、和聲，philharmonic整字的字義是表示音樂愛好者或愛樂交響樂團！這麼說紐約愛樂交響樂團不是叫New York Philharmonic嗎？以此類推，更妙的是philanthro-phy這個字，到底它表示喜歡什麼呢？各位都很容易查得出人類學叫anthropology。anthrophy一定是與anthropology即人類學有關。所以philanthropy表示的是喜歡人類而做的行爲之意。如果你查英漢字典，我們爲philanthropy下的定義是博愛、慈善，實際上許多慈善事業團體是以philanthropy來命名的。這麼一來，費城（Philadelphia）的取名來源有得考據了。phil是什麼意思，不必再予贅述，而Delphi是古希臘以預知將來的女神出名的都市呢！Philadelphia的原意自然可解。

我本來也不知道“dem”這個字根，等我查到而知道dem是人民、大衆之意後，集中在一起帶有同樣字根的英文字突然就多，印證奧利維・沙克司（Oliver Sacks）說的：「經你一注意，天下多的是同樣的東西。」讓我們牛刀小試：democracy是民主主義，demography叫人口統計學，demonstration譯爲示威，而疫情叫epidemiology。我們不但懂了dem是指人而言，如果禽流感在鳥類引爆疫情應該不能叫epidemic（疫情），動物的疫情不能用dem這一個字而應改叫epizootic的理由是很明顯的。

學外文不下功夫是不會進步的。我說過愛因斯坦曾經告誡眾人聯想力比知識重要。這道理顯然在學外文時也派上用場，不用一點腦筋聯想，誰會發現「病」（disease）原來在指不舒服：dis + ease？而早餐（breakfast）指早上進餐是用來打破平常人二十四小時中禁食最久的一餐，即早餐而言。各位當不會不知道break是打破之意，而fast是表示禁食呢！血液檢查一定要你禁食，這時抽的血液檢體叫fasting blood，這應當使你認知fast的意義。所以我鼓吹有意學好外語的年輕人要發揮你的聯想力，並且建立解剖字彙的習慣。經過這樣的檢視，你會發現學外語的樂趣會加倍，是學好一種外語的贈品。你應可以如法炮製學第二外語，後者相較，會比學第一種外語簡單得多。

但是學外語的最高秘訣還是能用它、能念書。用它的方法不只一項，即找機會講、聽，並找機會寫。語言文字如果不在講和寫之間使用，永遠是藏在字典這個冷宮裡的一項珍藏品，不使用，不會成爲自己的血肉。

難的是念書了。很多同學問我在浩瀚的書籍裡怎樣開始念外文書？這問題更是需要點子，不然選讀外文書會不太容易。我有入門策略可供傳授。

回顧我第一本念的外文書是賽珍珠寫的自傳，叫做《我的幾個世界》(*My Several Worlds*)。賽珍珠有極其特殊的背景，她不但經驗了道地的二十世紀末葉中國社會的生活，而且是有土生美國人血統的人。她曾在南京的中國人社區住過，婚後更是與中國人雜居，看了中國平民的生活，對大陸人、對奴隸性的女性地位有特別的感覺。該書對這些經過著墨很多不打緊，較爲政治性的國軍素質的話題、北伐軍到南京時的軍紀等等都有詳細的記載與評論。當我服預備軍官第八期，在步兵學校上課時，我端坐在課桌椅偷偷地念了它。我發現賽珍珠在書中所寫的事我都有一番概念，看她的書只要懂得英文，故事的來龍去脈不必說，就是事件所牽引出來的結論都能一一了解，而一口氣念完。這給了我一個啟示。想開始念外文書的讀者，不妨由中國、台灣的故事先念，等念書的習慣已經建立，再慢慢涉獵與中國故事無關的領域。如果一開始就念《飄》(*Gone with the Wind*) 這類的書，我打賭你會因陌生的美國南方文化，開不了快車而浪費時間。與中國有關的書？那才數不完呢！末代皇帝不是嗎？鴉片戰爭、義和團的歷史等以外語寫的書，等著你隨處俯拾呢！

我曾用同樣的方法去念德文書，發現效率也加倍增快。原來，有位奧國朋友替我在德國牽線。我念了德文文法，覺得我可以把德文文法書收起來念德文書時，立即寫了一封信請這位朋友寄三本德文起步書來。但我講明這三本書一定要與日本的歷史或台灣、中國有關。他是一位絕頂聰明而點子特多的人。他寄給我的三本書，第一本是現代日本的誕生，書中主題是日本的明治維新。第二本是德文版的末代皇帝。第三本則是這三本裡的最佳選擇，它是一本用德文寫的台灣導遊書，書中對台灣的每一鄉鎮，尤其是都市，都有熟悉的記載，由基隆開始，一直寫到屏東。我這學讀外文的方法曾在入學五周、位在慕尼黑與奧國沙茨堡附近普林鎮的德語學校，以「黃教授的閱讀方法」之名傳播開來，使我覺得學外語有了極大的成就感。

希望年輕人能在這全球化的時代，認知學外語的重要而好好學習。

第三封信

閱讀是終身學習的唯一途徑

年輕朋友：

閱讀會是陪伴我們一輩子的習慣。我們說人生像一場短暫的夢，閱讀肯定會豐富一個人偶到人間一遊的這一段夢。閱讀習慣其實也是智識分子必備的要素之一。

這個題目在我們的社會裡有非挑出來談不可的迫切性與重要性，是因爲大家的閱讀習慣不旺盛，與其他的一些國家相比，有一大截差距。看東瀛的日本，電車乘客人手一冊地潛心利用時間念書，許多國人皆有目共睹，是國內少見的景象。根據《天下雜誌》的統計，國人平均一年只花一千元左右的錢買書閱讀，這是很難使社會進步的。其實媒體公布的這個數字，我並不覺得驚訝，因爲我早已觀察到，不少國人家裡沒有像樣的書籍，而擺設書籍或書架的人在人口的比率來說也著實不多。

閱讀應該加以提倡的另一理由是現代的媒體無孔不入，配以電腦網路，以及手機的發達，它們提供許多資訊，但這些科技工具所提供的消息是否就是深化的知識，很少人做過分析，所以難使人引伸爲更多知識的來源，遑論是智慧。這毛病，陸以正先生也在與TVBS的李四端對話的節目裡提到過。更值得省思的是經過這些管道獲得的所謂知識，是已經經過媒體工作人員的篩選，以自設的立場與思維方式加以炒作包裝後才提供使用者，使用者漸漸失去了經過閱讀與思維而後領悟，加以批判並成爲新知識的要領，簡言之，從第一手資料獲得深化了解一件事理的機會與習慣正漸漸失落。

閱讀應經刺激回味與思考，幫讀者明白一樁事件的由來與意義，而不僅是讓讀者懂得一件事實的知識。即使是一本描述一件事實的文章，經過思考，讀者會從閱讀它而獲知事件的來龍去脈，有如身歷其境，成爲讀者自己的閱歷。假設人在世間的時間爲約八十年，八十年中在學校求學的時間卻僅有短短的二十年。一離開學校，不管是知識面的或精神面的成長，或是教養的發展，人皆要靠閱讀。閱讀是活到老學到老的唯一武器與方法。也是當一個人老化到無法踏出自己的生活圈子時，還能讓你遊山玩水最後的手段。這時候凡是沒有閱讀癖好的人，就時間和空間而言，會像是關在自己的生活圈的囚犯一般，獲得知識或逃出那圈子也只能靠與親友的交談，範圍必定有限。反之，如果拿起一本書，他（她）會立即離開那牢房而走入另一個世界，周遭會豁然展開，生活圈子的邊際因而擴大無邊。

閱讀是一種學習，和在課堂上聽教師講解一件事理有異曲同工之妙。不同的是閱讀時沒有教師在身旁指點你，學習獲益全靠閱讀人自己的分析與演繹。換言之，閱讀的主體是你，一切操之在你。如果了解與結論有錯誤，也不必太慌張。我曾寫了一篇文章叫〈給錯誤一個禮讚〉，表示我不羨慕平步青雲而「成功」的人，卻反而喜歡曾犯錯、打滾，能改過、重新站起來而達成生活目標的人。要記得，後來閱讀的書往往會幫你做「修正」的工作。

林語堂把書籍分成三種，第一種叫專業書。現時的一般年輕人最在意啃的是專業書，因爲這些書與學業成績及將來的出路有密切的關係。但念專業書也要經過思維，是無可否認的，但是死背與否，也完全操之於讀者。事實上我碰到不少醫學系的學生說外文書不容易「背」，這是不正確的閱讀方法。第二種書叫娛樂書。讀這種書刊，可以不經過大腦的思考，純粹是娛樂，事後也沒有深入探究其中道理奧妙的必要。這種書籍市面上愈來愈多，所報導的多半是八卦新聞與名人緋聞，也常常變成口水戰的原料。念這種書只能增加與別人閒聊的話題。第三種書叫做教養書。何謂教養書是見仁見智的。依十六世紀的法國論文專家蒙田的定義，教養書會提升讀者的風骨與教養深度，也會使讀者的生活更有尊嚴與風格。當然還得要看念教養書的人，能否做推敲與思維的功課而加以消化成爲他自己的骨肉而定。

大師林語堂雖說書有三種，我卻說書有四種。林語堂說漏的是所謂工具書。所有的字典、辭典皆屬此類。這些書籍明明具有書籍的形象，只是它們的用處是當我們遭遇到語文語辭的疑問時，能替我們抽絲剝繭提供答案而已。說來可笑，信不信由你，台灣還有把英文字典當書來背的年輕人，對這些年輕人來說字典不是書是什麼呢？

一本書到底是不是教養書的界線其實很模糊。它的模糊與教養兩字的定義模糊一脈相連。但我敢大膽假設凡不能歸類爲專業或娛樂兩類書籍的書，都有值得汲取的人生課程隱藏在裡面。人生以生起幕以死落幕，中間是喜怒哀樂的連續。這樣來說，請問哪一本書沒有著者的這些經驗與意見出現?縱使不善於表達的少數著者說的話，經過讀者慢慢咀嚼也會體會出教訓的意義，這是我認爲教養書數目與種類不勝枚舉的原因。教養書因而不限於說教性的制式立身書籍而已，有時連虛構的小說也可算是好教養書。最好的例子是《紅樓夢》，大觀園裡面可以窺伺或推斷的人生戲劇不斷上演，儼然一本人生的教科書，不是嗎?

閱讀既然是一種沒教師的學習經驗，就帶有積極性而不能因爲沒有教師就鬆懈散漫下來，而成消極的過目而已。其實學生在有教師的班上上課也要能知道爲誰而讀，念書絕對是爲了自己而不是爲了家門的光耀。閱讀因爲沒有教師在旁所以更要自律，要知道閱讀是爲了自己一輩子的好處，所以閱讀需要積極性。閱讀不但旁邊沒有逼你或處罰你的教師，當然也沒有考試。閱讀的考試是整個人生的歷練，考驗是否你會活用這歷練。會爲閱讀下功夫才是好的閱讀者，下的功夫愈大，會成爲愈好的讀者。阿德勒（Adler）和范達倫（Van Doren）在他們的《如何閱讀一本書》（*How to Read a Book*）裡把閱讀譬喻爲棒球。我們閱讀一本書應以捕手的態度相對。書的著者就有如投手，棒球的成敗關鍵因素很多，投捕兩方的默契卻是少不了的基礎。當我們摸索找到了投手的作風，做捕手的我們不錯失飛來的球而捕捉它，才能達到閱讀的目的。捕捉投手投來的球最重要的是捕手要積極地弄清楚投手的個性與作風。在這整個戲碼裡唯一被動的是球，因為球要怎麼飛過來完全受制於投手的技巧與指令。這投捕兩者的關係很像著者與讀者的關係。

要知道學習最後的責任落在學生的肩膀上，這與要知道為誰而讀是同一碼事。學得不好，不能怪別人。能怪的只有先天的基因不好，即理解力貧乏，或後天流汗的努力不夠。前者如何從根本補救，大家並沒有共識，而後者只有讀者自己可怪。

但是再好的讀者，有時也會摸不清楚著者的原意。這相信有種種原因。有時是著者的文不達意，使讀者不易跟著著者的思路走。有的著者故弄玄虛，班門弄斧，弄得讀者看不懂，可怪讀者程度不夠。我曾經念過一本日文書，著者在書中說日本也曾經有過所謂「難解流行」的一段時候，與主張這種理念的一批著者。這流行的精華是簡單事講得愈難懂，以致讀者看不懂，愈表示著者的學問高深而讀者的程度太低。給日本的讀者與這些專寫難解流行文體的著者當頭棒喝，而恍然知道複雜事原來也有使讀者易懂文體的，還是一九四五年以後日本人第一次接觸的《讀者文摘》！

讀一本書你並沒有一五一十全部都看懂內容的責任。有似懂非懂部分的這種書，以後拿起來再讀，那時你的人生歷練也比以前多了，以前看不懂的道理以後念起來則易如反掌的例子很多。孔子說五十讀《易》的道理大概指的是這個道理，因爲三十五歲時不懂的道理，到了五十歲就能心領的例子並不少見。在壽命已比孔子在世時代延長的今日，說七十讀《易》也不值得大驚小怪，我有不少領悟是七十歲時才油然而來的。

阿德勒與范達倫認爲閱讀有四個層次的進步階段。第一階段叫初級讀書（elementary reading）階段，第二稱拾穗讀書（selective reading）階段，第三是分析讀書（analytical reading）階段，第四階段是多頭讀書（syntopical reading）階段。第一階段注重單字的認識與書中陳述的意義的了解，以後所有的閱讀技巧皆建立在這基礎上面，所以不能馬虎輕視。以英文來說，據稱從不識字開始識字，每年的生字以三百到四百的速度增加，國內是否有這類數據不得而知，但我國社會的缺點大都起因於不重視這階段。從這一個觀點來說，曾志朗夫婦的閱讀運動，的確有扎根的意義。

有的人例如海希（E. D. Hirsch）還認爲這基礎應在小學四年級左右要加以建立，以後的各閱讀階段才能如魚得水，水到渠成。但阿德勒和范達倫卻認爲初級讀書不必那麼早，我們大可以等到小學畢業、進入國中階段。他們也希望書念得慢或子女閱讀習慣發展得太慢的家長不必太急，比別人晚二、三年並沒有大礙。我自己的經驗是再晚也無妨，雖然能早一點開始有系統地念書當然是一件好事。但是別忘了英語不也說"Better late than never"（亡羊補牢猶未晚）？中國人也說大器晚成，晚起步沒有什麼大礙，反正不是每一個人都會成爲道地的讀書達人。

第二階段是講速度的階段，這要靠健全的第一階段的基礎。在德國漢堡發跡的猶太人瓦布（Warburg）一家，有後來逃到倫敦的金融專家日格蒙・瓦布（Siegmond Warburg），據傳一輩子平均每周讀五本書，並且所念的書中很少包括金融與經濟類的。他的閱讀速度恐怕是我一輩子所耳聞或閱讀到的人物中的佼佼者，而他身爲金融大亨卻很少念金融經濟有關的書，又顯示範圍愈廣闊愈好是閱讀的金科玉律。閱讀速度要加快的前提是買書前一定要熟悉書裡的主題、書籍內容的摘要，甚至著者的來歷與現職等等。我要特別提醒買書不妨注意新書的書腰、封面、封底所印的標題與介紹以及翻翻目錄。這都有利於事先掌握書中主題而增快閱讀的效率，因爲在時間有限的情況之下，每一本書難免會有拾穗式選擇閱讀的必要，以避免閱讀中途而廢的命運。根據專家意見，這階段要在高中入學階段就已具備。

有了念書的習慣與速度，就進入分析思維階段，並有系統地對某特定的主題進行深化閱讀。讀後思維與分析的腦際作業在這兩階段漸漸濃厚，閱讀的成果會愈形豐碩，在人體生理來說，這是消化作用。到了多頭並進而閱讀後，所有過去所念而獲得的片段知識會像拼圖遊戲的小片子一樣落入該去的歸宿處，或匯入主流而奔向智慧的大海，與人談話也會更加具備有條有理、有系統的說服力。

這些階段性閱讀習慣的培育是所有做學問的基礎，是活到老學到老的實踐捷徑，所以應該是居於教育過程中的主軸地位。在外國教育的課程當中，閱讀技巧這一門課往往還出現在高等教育學府的課程表中，遑論小學與中學。但閱讀技巧這種課程在我國教育的課程當中卻不見蹤影，難怪我們逐漸成了閱讀不流行的社會，事出必有因。要提醒各位年輕朋友的是外國大學部常見到的閱讀技巧還是指他們的母語書而言，相形之下，我們則母語、外語書籍的閱讀技巧皆不注重，是很遺憾的一件事。

所以使我憂慮的是閱讀在各高等學府不被校方重視的歪風已感染到學生。某大學的教授群告訴我要學生念母語書寫報告，學生面有難色。一個很普遍的現象是閱讀、寫讀後心得報告這種課程常被學生打入冷宮，寫讀後感，常有由電腦網路下載交卷的事發生。教師知道它們的來源是網路，因爲幾個學生的讀後感往往一字不異。

如果你想養成閱讀習慣，我會不停地鼓勵你現在開始，爲時不晚！但是我得強調你要了解我所提的各項重點。除了上述的一些重點之外，我還想傳給你三點技巧。

一、看書腰，看著者的來歷與目次，是爲了認定這一本書是你想念的書。想念它，你才會著手念。念一本書一個重要的認識是：每一個著者有他自己的寫作風格與用字遣辭的特別習慣。這是初次接觸新的著者時每個讀者都會遇到的問題，問題是讀者要做調頻的工作。上文已經提過，閱讀有如扮演棒球裡的捕手，與投手要有某一程度的默契，所以我們念一本書起步十頁左右總是比後來看書慢一點。要把念得慢的部分縮小，最重要的要領是要加緊捕捉著者的寫作風格，誰能很快地捕捉住作者寫作的習性，誰看這本書就比別人快。

二、東洋的著者一般較「懶」，爲讀者準備有用的索引的書著實不多。中國人當然不例外，東瀛的作者也犯一樣的毛病。這使想溫故知新的讀者束手無策，爲了一個論點往往只好重念全書。台灣的教授寫專業論書備有索引的就較多，但粗糙不嚴謹而不齊備的程度，與國外教科書有天壤之別。外國的書有從左右上下皆可查到的所謂參照索引（cross index），在國內的書卻很少見，或幾乎不存在。所以我勸想念書的年輕朋友務必發展自做索引的習慣，有朝一日，你有必要寫作引用或查證書中論點才能直衝要害，不費時費力。要準備自己的索引很簡單，只要在卷首卷尾找到一面白頁即可。就是書中已另有索引，也無妨另製作自己的索引，因爲你的注意事項（entry），著者的索引不一定有。

三、我希望你的閱讀能力能趕快擴及外文書籍。要知道能多讀一種語言的書，可閱讀的書的數目就擴增不少。台灣只有二千三百萬人口，再以領域區分，各領域的人口不多，人口不多，圖書市場就小，故外國的暢銷書不見得每本都有中譯本，如果不會念原文書就錯過閱讀這本書的機會。在全球變小的今天，屬於新時代青年的你如不念外文書，虧待的是你自己。

閱讀是沒有老師的學習，是磨練自己與建設自己的長期努力。我們藉閱讀而努力的是什麼?我們努力的目標在加強我們的觀察力，觀察力會使生活的點滴更具意義，使生活更豐富而繽紛多采。閱讀也會趁你年輕時增加你的記憶力，因為記憶力是腦細胞的多方聯繫結果，閱讀愈多，聯繫愈多。閱讀也會藉別人的經驗與聯想力來加強你自己的聯想力。信不信由你，閱讀也會增強你的安全性，因為知道別人的經驗，自己的機警性也會跟著提高。愛因斯坦曾經說聯想力比知識還重要，自然界的很多發現是聯想力的發揮。閱讀也會增加分析的能力，分析是閱讀不可或缺的動作。上述的分析讀書階段是訓練閱讀的重要目標，是新知的來源。如果你的閱讀習慣能把這些湊在一起，一定能具備一套思考鍛鍊而成的知性，判斷力因而成熟，也變得犀利，會一輩子嘉惠你自己，也惠及別人，貢獻社會。

蘇東坡的好友黃山谷說三日不讀書，便覺言語無味，面目可憎，表示念書才會增加人的風韻與風味，希望你也能從閱讀去豐富你的人生。俗語不也說，貧者因書而富，富者因書而貴，你不想靠閱讀來改變你的人生？

第四封信

象形文字的現代問題

年輕朋友：

發現所有生物的遺傳語言是雙股的DNA的兩位科學家叫詹姆士・瓦生（James Watson）及法蘭西・克里科（Francis Crick）。瓦生在他的近著《DNA，生命的秘密》（*DNA : the Secret of Life*）裡，稱人爲「社會物種」（social species），是很貼切的選擇。昆蟲學家證明，只要有一萬隻或多到十萬隻左右的成員，螞蟻就能組成一個社會。這根本與分工精細規模又大的人類社會不能相比，所以稱人類爲「社會物種」眞使我拍案叫絕。《大英百科全書》則稱人爲自然界唯一會講話的物種（speaking animal），也是一個佳作。布羅卡（Paul Broca，1824–1880）早在十九世紀就報告，人腦有一中心位在左方額部，叫語言中心。額部不發達的動物，包括猿人，當然就不會說話，這與考古學家認爲周口店出土的北京猿人尚不能言語，只能哼嗚配以動作表示作爲溝通倖倆是相吻合的。我的意思是說，稱呼現代人爲會說話的動物也算是有其眞實的一面。如果以現代人能而動物不能的技能來稱呼現代人，那現代人的頭銜才多了。可以稱爲有知性的動物，有抽象概念、意識的動物，有倫理觀念的動物，或能製造工具、使用工具的動物，這些辭句都是現代人才能做到的動作。

那爲什麼不也順便叫現代人爲使用文字溝通的高級動物?文字的出現恐怕比語言的出現還晚。光緒二十五年在河南錫安出土的商代人在龜甲獸骨上所刻的占卜文字，即甲骨文，是中國有實物可證的最早的文字，僅有約三千五百年左右的歷史。西方的字母到底是在何時出現並不能精準確定，但一般認爲出現的時期與甲骨文不相上下，出現地點則在地中海東岸地帶。但當時的地球，因爲交通不發達且有初期現代人難予克服的山川切割，不少族群因此各地孤立，於是由象形概念起家的中國文字，與不同的概念起始的文字繼續分道揚鑣，走自己發展的路，經過不斷的延續演化而成了現在的象形文字。

這些都是不同文字比較的結果，並不會減少象形文字的妙處。象形文字有無可否認的妙處，以作者和讀者的想像空間解讀中文，尤其古文要有相當的中文造詣，這在中文的詩詞裡發揮得淋漓盡致，而且是古文與文言文的通性。

但是我要強調，自己的家珍，包括象形文字，也得經常檢視與推敲質疑。笛卡兒不是說過我思故我在?世上除了自己的存在不能懷疑之外，什麼都可以檢討。這在不同文化到處相會的全球化的現代，尤其顯得需要加以重視。以這種檢討的眼光來看，象形文字在全球化的今天的確有些難與國際接軌又麻煩的地方。這種思考與所謂聯想的腦際作業不無關係，也是我自己經驗一連串觀察的累積，而非隨便說說而已。

第一個問題起因於每個象形文字都有它特別固定的意義，除了有一堆弗、雷、絲、伯、羅等等不少中國的文字，常備用來翻成老外名人的名字以外，使用任何中國字來翻譯外來語，會傳遞給不懂外語原文字的讀者不同的訊息，譬如說勞伯・瑞福的名字，我們大衆念了不覺得特別，因爲這些字用來翻譯外國明星之名已經太平常了。

但是赫魯雪夫的名字就大有學問。他曾是蘇聯的領導人。如果翻譯他名字的人不喜歡他，或者想操縱一下大衆對這位政治人物的印象，他大可把赫氏的名字譯爲黑魯血夫，如果這麼做我敢斷定在大衆眼裡，赫氏與黑氏因此會變成不同的兩人，這是差之毫釐失之千里的好例子。這與杜魯門總統的名字所引起的笑話異曲同工。據說台灣的杜氏宗親會曾想邀請杜魯門總統遺族入會共襄盛舉，一般民衆不知杜字只是爲了發音相近而選擇的字，它有宗親之名卻無宗親之實也不清楚。按杜魯門總統的原名是Truman。

再舉一個例子說，披頭四是發跡於利物浦，而於二十世紀中葉以後風靡了世界的年輕歌手樂團。披頭四的原名是Beatles，這個字並沒有特殊的意義，只是該樂團選擇的團名而已。認爲它有特殊意義的國人，一定是弄錯了beatles與beetles一字的緣故，後者指的是甲蟲，拼音與前者稍爲有異。國內稱Beatles爲披頭四，無意強調了披頭四隊員的髮型。誠然，披頭四隊員的髮型於當時流行的男性髮型來講有其特殊性，但披頭四這一名詞無意中把大衆對歌手的注意力移到他們的髮型，也歸因於象形文字與西洋文字本來就不容易水乳交融。

迷你裙三個字也是很冤枉的例子。迷你裙的原名是miniskirt，它單純的表示這種裙子是一種很小很小的裙子。mini在英文是屬於比較級的一個文字，迷你裙雖然在音譯値得喝采，但這三個字無意中注入了「引誘」你想入非非的意味。不曉得國人女性選穿迷你裙時心裡的感受究竟如何？

愛滋病是另一個象形文字的犧牲者。一九八〇年代剛出現於美國加州時，本地媒體給這後天免疫不全症候群的譯名是愛死病。根據音譯原則，譯爲愛死病是因爲後天免疫不全症候群的頭字語是AIDS，念起來可以說是雖不中亦不遠。但愛死病這三個字與AIDS的實證科學原意差距太遠，而且在我看來跡近玩世不恭。果然，愛死病三個字很快地銷聲匿跡，媒體改稱它爲愛滋病與大衆見面。愛滋病三字雖成正式譯名通行，時一過境一遷，今天我們已經知道，愛的行爲已不能涵蓋所有愛滋病所蔓延的途徑。

可見除了象形文字所表達的訊息往往偏頗而有失眞實以外，還有永恆性不能保持的問題隱藏在裡面。多年以後，不管經過多少研究或自然的演化，人家的ＡＩＤＳ四個字所傳達的病因與症狀有它不變的常恆性所以不必修正，但象形文字因爲每一個字的意義是固定的，會一晃之間就有不能適應時代潮流的可能。這是命名新病名時不得不加以警惕的一點。

我發現象形文字問題的另一場合是台北市的電話簿。我住的公寓的辦公室每年都分發電話簿，這電話簿列有私人住所與消費指南等項。我發現有兩件事都是象形文字特殊的困惑。第一、我要找黃崑巖先生的電話號碼時，必須先寫一下「黃」字，知道它到底是幾劃，才知它是在「陳」字前面呢，或在「陳」字後面。等我找到了黃氏位置後，又得爲第二個字頭痛，要算出崑字幾劃，位置何在。只要第二個字找到了，第三個字就容易找是眞的。但整個過程比外文慢得多是不爭的事實。如果比翻電話簿的速度快慢，誰會贏得這場比賽恐怕不難預測，是國人是老外？

第二、這麻煩會使很多人不想利用電話簿而多靠一〇四、一〇五。我負笈美國二十年，查電話號碼打電話問查號台的例子絕對少於翻電話簿查號，事實上要查號員幫忙的機會絕無僅有。堂堂兩百多萬人口的台北市的黃頁簿（Yellow Pages，即台灣的電話簿）一部僅有一英寸厚不到的消費者指南，也表示大部分國人懶得翻用電話簿，原因我認爲是象形文字變成一個速度上的障礙的自然結果。

我有一次必須新購電話答錄機，翻了台北住家附近有什麼商店列在電話簿上，才發現台北只有幾家商店登錄在答錄機之列。我不相信台北經銷答錄機的店才這麼幾家，如果不嫌麻煩走一段林森北路就會明白我的話，賣答錄機的店不是每十公尺幾乎就有一家？我判斷這不是編撰者懶惰，商品分類不精細，而是台北有太多的商人對以電話簿招攬生意的效益失去信心使然，不啻是消費者爲象形文字投了一張否定票的結果。

比電話簿的例子牽涉更廣的，是查象形文字的字典或辭典不易的事實。這也是我使用英文或一般外文辭典與查國語辭典相比較的結果。不知年輕的朋友注意到外文辭典根本沒有部首索引，沒有難查字表，或（各種辭典、辭海具備的）字音查字表了沒？非象形文字是不需要這些配套措施的，以英文爲例，b在a後面，c是

a、b接下去的一個字母，絕不例外，何需配套？二十六個字母一字排開，它的順序排列早就確定，知道字母的排列就能使用字典。

我們國內有所謂查字典比賽的新鮮玩意兒，這意味著什麼？年輕朋友當不難猜測。說實話，就是部首的認知比賽，換言之，它意味著翻字典至少要知道字的部首才會有門窗，這是極不合理的現象。何況，我有《辭源》與《國語日報辭典》，光是「咸」字兩部字典就有部首相異的活例子，該相信哪一本呢？

某一中文辭典指導使用者的序裡是這樣寫的：萬一部首表裡查不出來，或不知想查的字歸哪一個部首，最好翻開難查字表，只是要先數清楚這個字總共有多少筆畫。這一段話表示編撰者沒站在使用者的立場出發想想，查字典的人往往不完全曉得要查的字是怎樣寫的！只靠朦朧的記憶有這麼一個字時，要照上面的指示去查字典，有時幾乎活像在大海撈針。最後提到字音查字，它會難倒不會ㄅㄆㄇㄈ發音的諸兄，也困惑不用ㄅㄆㄇㄈ的大陸人，對這些人來說，字音查字等於是英雄無用武之地，所以遇到走投無路就找電腦網路碰運氣的人大有人在，是不難想像的。

象形文字的另一個問題，也就是所謂的國語、北京話或大陸所謂的普通話，具有四聲與抑揚。很多字有一樣的發音與一樣的四聲。這在講話時並不是大問題，因爲英文也有類似的情形，講話如果用到同音的字，還得替聽者下定義，說我的意思是X，不是Y。但這種情形在中國話裡就不那麼簡單，尤其是變成歌詞的時候要特別提神洗耳傾聽，否則有時會會錯意也不一定，因爲四聲在歌詞裡面一筆勾消不見，是置四聲於無用武之地的新局面。我把這問題與幾位各級學校的音樂老師請教，他（她）們都表示同意我的顧慮，並且舉例說像劉半農與趙元任合作的「教我如何不想他」，不明其中奧妙的今日學生，會以爲「教我如何不像他」而大唱這首歌。我想以爲歌詞是指「不像他」而不是「不想他」還多少錯得有道理，但我心裡在猜想，一定也有部分學生以爲「不想他」是「不向他」呢！同樣的道理，「最後一夜」誤以爲「最後一頁」的可能性並不是沒有，這都表示四聲必須擱置不用時，誤會容易發生的事實。

爲防止這種錯誤，國內必須爲歌詞作者開拓更大的研討平台，或要歌詞學深化，寫歌時要把握住歌詞旋律的抑揚頓挫，仔細推敲所寫的文字在歌唱時會不會有怪異的解讀。據新竹中學蘇森墉老師告訴我，作曲往往是歌詞先有再配以作曲，所以整個曲子寫完後唱起歌詞要有絕對沒有誤會的可能才放心。

我還擔心象形文字與本土話結合後，最近似乎有象形文字不夠用的現象叢生。這在什麼場合看得出端倪？主要是在很多宣傳單與廣告裡，非以注音符號代替正式的字不可的例子愈來愈多。這應該怎麼解釋，我還沒有結論，但至少表示表達者找不到適當的文字來表達的困局。這樣長久下去，注音符號有一天會變成與當字使用的日本片假名一樣的功能也說不定！

美國哈佛大學頗負盛名的社會學家費正清（John Fairbank），一九六〇年代接受美國電視訪問，談到中日兩國接受西方的容易度時，表示了很獨到的見解。我覺得他的看法與我所發現象形文字的困惑不無關係。他的結論是日本人雖然相當保守，但日本人介紹西方概念與物品給日本人，使用象形文字比中國人少，所以他以爲日本人了解西方要比中國人來得透徹。他舉例說，中國人因爲必須使用象形文字，遇到如democracy這種字，就有人譯成「民主主義」傳遞給大衆，大衆就照單全收，認爲它表示以民意爲依歸之政治制度與理念。但問題是，接觸西方概念的這種方法，會因翻譯人的意識型態與掌握這權力者之觀念而走樣。日本人呢？日本人可以不管譯名，而直接以片假名依原來的語音拼出由西方引進來的字，稱民主主義爲デモクシノー。如果有人想知道何謂democracy得自己去研究查明，所以西方字原意水落石出的機會較多。

費正清的說法與我上述的迷你裙、披頭四等象形文字的概念差錯有何不同？我認爲毫無兩樣。日本人的披頭四叫做Beatles，迷你裙叫miniskirt，他們接受西方文化是正面而不經別人包裝的。我們大衆面對的是經人包裝加以翻譯的，這是否也表示凡是外國的制度到了國內，多少總會變樣有間接關係？

我對年輕朋友有一個重要的勸告。正因爲象形文字有上述這些麻煩，你們在講求全球化的今天，要能直接學會原文與原名，而不要經過別人譯好的象形文字。當然我知道這不能一概而論，有的可以，有的較難。但我至少希望你們知道，羅斯福總統在美國叫President Roosevelt，不叫羅斯福；你到了美國想找甘迺迪總統，才會鬧出問題呢！因爲甘迺迪的正名是Kennedy，絕非甘迺迪。到了日本你肯定找不到小泉首相，因爲他不叫小泉而叫Koizumi。這正如在科學論文裡不能引用《讀者文摘》或教科書的文字一般。作爲一個智識分子要有直衝第一手資訊（primary source）的習慣，千萬不要當別人炒作與包裝的奴才。

第五封信

智識分子與知識分子

年輕朋友：

如果要為知識分子取個新名，我會建議以「智」取代「知」字，稱這階層人士為智識分子。這不是因為我想與大陸政權同調。過去中國大陸曾故意打壓知識分子，把他們排為第九階級，並稱為臭老九。顯然中國政權對他們所認識的知識分子有很強的戒心，認為這些講理的族群是麻煩的製造者。

我的建議動機與大陸迥然相異。我不希望一個社會共同體只由一群炫耀知識但缺乏智慧的知識人來帶領。社會的水準要提升，固然要輿論來監督，但表示意見仍要由有智慧的人來帶領。英文把這兩種人分得很清楚。滿腦子裝了知識的人叫做博學（knowledge-able）。但知識多，不一定保證智慧也多，知識既多，而又有智慧與氣度，知曉各種事物存在的意義，以及它與我們生活關聯的人是賢者（intelligent），這種人不光是knowledgeable而已。如果能，我也喜歡被稱爲intelligent。

由另一角度切入這個問題加以檢視，光有知識而不注重智慧的教育，叫知識人的教育，是一種跛腳的教育。這樣培養出來的往往是只顧知識熟練的技術人，是匠（technocrat）而不是博雅的人（learned man）。光增加諾貝爾獎得獎人的數目絕不是一個國家的教育目的，社會需要的是很多learned man。learned man是有教養的人。人有沒有教養的一項指標是能知有所爲有所不爲。做人要能知己知彼，這裡的「彼」不是孫子在其兵法所指的敵人，而指他人或社會。知己知彼的人才容易爲他累積的財富找到利他的刀口，才會知道累積的知識在哪裡或如何發揮才能造福別人。社會繁榮要靠成員的利他主義。

二〇〇五年十月聯經出版了《黃崑巖談教養》一書。後來才知道同年九月日本的竹內洋教授也出版了一本書叫《教養主義的沒落》，表示日本也正偏離了先教人修身立志爲主軸的教育，而開始偏重知識的傳授，可見智慧教育走下坡不光是我們的特殊問題，而是全天下的問題。范達倫曾指出，現代的職業分工愈細，要精通的技術與知識愈複雜，但在校的時限基本上無法延長，於是乎一般短視的教育家就以刪除與知識無直接關係的課程來應付局面，這些被犧牲刪除的多半是教養課程。這種憂慮在少年與成人犯罪率逐漸爬升的日本社會，當然會特別強烈。翻閱日本的報章雜誌，日本在大專階層注重教養的輿論愈來愈強，而已有捲土重來之勢，是對最近社會破綻的一種回應。

我們卻得承認，把培育氣度、胸懷與德行的教育拋在雲外，只潛心於學以致用課程的行徑，做得最久最徹底的恐怕是中國，以及承襲了一些大陸措施的台灣。學以致用這個口號，是中國在十九世紀幾乎變成了西洋列強船堅砲利的俎上肉，中國人目睹列強予取予求而無法抵抗才打出來的口號。這種覺醒本來無可厚非，但教育如果長期被這種觀念浸漬，整個社會自然會演化到實用主義與功利主義，它最後的終點會是物質主義。台灣社會走的路徑，以及現實所患的毛病，正是這種趨勢的寫照。

人的學習潛能通常以智商（ＩＱ）表達。中文稱其爲智商，但ＩＱ所評量的不是智慧而偏重知識。更確實地說，它只評量語文與邏輯潛力兩個層面，用一定的公式與同年齡層的人相比而評定位置，這個位置以數字表示，數字愈高的人，就被認定在知識面高人一等。ＩＱ觀念始於德國心理學家威廉・史騰（William Stern），而由法國人路易斯・特曼（Lewis Terman）於一九一六年以比內・西門式智能測驗（Binet–Simon）量表首次問世。但人的生涯成敗究竟能不能單以知識的高低來品評或預測？所謂成就到底靠的是先天基因的承襲抑或後天的培養？孰重孰輕一直是爭議不休的疑點。通常智商一百是正常值，表示受驗人的潛力剛好與他年齡該有的學習平均相當。如果智商值超過一三〇，一般人認爲天資聰穎。心理學家羅伯特・波洛明（Robert Plomin）最近糾集了一批智商高到一六〇以上的人做DNA的分析，發現天分與第六對染色體的某一基因多少有點關係。但這關係卻不如第二十一對染色體上的變異與唐氏症的關係那麼密切。這是預料之中的事，生涯要成功，所賴的因素一定不少，絕對不是一個染色體上的基因可以控管。它一定是散布在不同的基因互相牽制與影響的效果的總和，這與聯想力的腦際震盪是一碼事。

因此多重智慧論就逐漸出現。依據這個看法，一個成功的人的智商固然不能太低，但他（她）應有與智商平衡發展的情緒管理能力。後者就是膾炙人口的ＥＱ。ＥＱ所包含的要素不一，但最普通的要算是同理心，能事事站在別人的立場考慮，能精確地表達自己的感受，駕馭控制自己的脾氣，受人喜愛，獨立而能適應環境等等。這些因素其實還更多，但把它整理成為我們可接受的理論而問世的是霍華德・高德內(Howard Gardner)，那是一九八三年的事。

我可以說，他所列的ＥＱ要素全部屬於教養的領域。這些因素的加強靠後天家庭、學校與社會的身教薰陶者多，光上課聽講則效果不彰。相形之下ＩＱ有強烈的天資成分，ＩＱ由後天改變的可能性並非沒有，但與ＥＱ相比較，受先天基因的定型機率較大。一個智識分子應該是ＩＱ與ＥＱ兼顧而拿捏得恰到好處的人，這種人對社會的改造與提高個人與群體的生活品質一定貢獻良多。

沒有具備ＥＱ的修養而只靠ＩＱ會養成科技人（technocrat）。談到這裡我要告訴各位一個與台灣有關的例子，它和都是蘇格蘭人的派屈克・曼森（Patrick Manson，或以中文名萬巴德在台灣留名）與羅納得・羅斯（Ronald Ross）有關。這兩個人的故事我在〈研究不是專業名詞，是生活的態度〉信中也以不同的角度提到。派屈克・曼森十九世紀曾在台灣南部旗津行醫數年，以他在台灣及後來在廈門滯留總共十幾年之經驗，闡明了當時在台灣及華南常見的血絲蟲生活史，並證明家蚊是媒介物。他在香港設立了香港大學醫學院前身的醫學院，教育了第一班裡的孫中山，並在倫敦創立了倫敦熱帶醫學研究所。他充分發揮智識分子胸懷寬大的精神，指導駐印軍醫羅納得・羅斯。曼森深信瘧疾的媒介與他自己研究的血絲蟲的媒介一樣一定是蚊子，但苦於倫敦沒有大量的瘧疾病人，故以通信方式很大方地指導羅斯在印度進行瘧疾原蟲生活史的研究，終於成功，雙方爲此魚雁往返一百多封的書信，羅斯還因此獲得瘧疾原蟲生活史闡明人的頭銜而贏得一九〇二年第二屆的諾貝爾醫學獎。但嗣後曼森在幕後的豐功偉業卻逐漸被羅斯一一否認，爲的是要把有關獎賞、金錢與榮耀皆集中於一身，這終於導致兩人決裂，羅斯另起爐灶而轉往利物浦的熱帶醫學研究所獨行的局面。這對我來說是最難解的科學搭檔反目事件，我判斷起因是羅斯的EQ不足。難怪曼森而非羅斯被學界認爲是熱帶醫學之父。

不必捨近求遠，我們身邊也有類似的例子。李政道與楊振寧博士獲得諾貝爾獎後，兩人關係演變成感情不和而互不往來的事就是好例子。陳之藩教授曾經對我表示他的遺憾，而對這兩人之間的誤會小事引爆成一件大事的百惑不解相問。我認爲這是兩人氣度的問題。智識分子如果ＥＱ充沛，與ＩＱ相配能保持平衡作爲實驗室內外的生活原則，沒有找不出與人和諧相處的對策的道理。科學家終究還是人，如果科學家做人不成也一定會影響他在學術界的成就的。我認爲發現雙股的ＤＮＡ是所有生物的遺傳因子的瓦生，也是ＩＱ足夠但ＥＱ不足的好例子。他年輕時目中無人，得罪了不少科學界和非科學界的人，是世人周知的話題。

旅居國外的國人有不少對台灣的教育有旁觀者清的立場而表關心的，這我在另一封信也曾提及。像在柏克萊擔任重要教職的教授曾單刀直入地表示，台灣的教育不太講究學生精神面的成長。這種不注重子女ＥＱ成長的風氣也早已散佈在家庭、社會與學校的教育，所以整個台灣社會一直滯留在庸俗的醬缸裡。

曾經擔任過哈佛大學一般教育學院院長的羅索夫斯基爲我所謂的智識分子下了五個重要的定義：

一、智識分子必須思路分明而能做批判思考。他必須文字流暢而精確。受了高等教育的人，應擅長於與別人溝通，說的話或寫的文章必須鏗鏘有力並富於說服力。十七世紀法國哲學家笛卡兒說人的思考與懷疑的本能是他存在的意義的基本條件，只有人才能作思考而求豐富與提升自己的知性，所以從事教育的老師不能忘記激發年輕人做人的這項基本能力。

看羅索夫斯基所立的智識分子的這一個標竿，再回首檢視傳統東方的培養方法就使我很納悶。我們的社會是不鼓勵年輕朋友，尤其是小孩表達意見的。三隻不看、不聽、不講的猴子，我覺得可以象徵東方培育後代的基本方式，小孩不插嘴成人的講話是一種美德。台大林憲教授曾經告訴我他做的跨東西兩方文化的研究結果。在西方的社會，嬰兒在床上哭鬧，父母到了嬰兒床邊，通常不會立即抱起嬰兒，會先以語言問嬰兒爲什麼不高興？這種事接二連三，人在不會說話的嬰兒時代就養成口頭表達與溝通的習慣。在東方呢？情況完全相反，大家庭制度還盛行時尤其如此。嬰兒一哭，趨前的祖父母或阿姨、嬸嬸，甚至於父母親會立即抱起孩子試圖安撫，換言之，在東方社會，小孩從小就習慣於身體接觸的溝通而疏於語言溝通的培養。不注重語言的表達，更是表現在我們各級學校的課程，只傾心於傳遞知識是我們教育的特徵。

如果念了在哈佛大學求學過的何曼德院士的書《我的教育、我的醫學之路》的人當不難發現，彼邦教育對表達的重視，一直延續到高等學府。

二、智識分子應對新知的開發過程要有所了解，而且這新知要涵蓋自己、社會與宇宙。要做到這一點，智識分子對數學與科學實驗的實質方法與意義，以及基本的物理及生物科學要有掌握。要記得吸收的知識要經過科學的檢視方能成爲自己的新知，這與閱讀一本書後要做思維沒有兩樣。孔子不是說過學而不思則罔？能有這種態度，才不至於盲從流言，落入迷信的霧中而不自覺。關於這一點，我曾目睹啼笑皆非的新聞報導。原來台中之前的千面人破案之後，我們方知千面人作案時曾偷了一部機車遠離現場，偷竊的機車車號據稱是一一三二。誤飲千面人下毒飲料的諸受害者中有一名周乙桂不幸去世，而他離世的時間湊巧是晚間十一點三十二分。有的媒體由此大做文章，認爲這是靈異顯現，才能加快破案，領導破案的侯友宜先生則只好站在旁邊苦笑。在我看來，這是社會瀰漫迷信，生活裡缺少科學檢視態度的代價。媒體還加註最近頻發而未偵破的分屍案，原因在受害人還沒託夢呢！這是亟待改進的社會教育與社會文化的一個缺失。

三、世界潮流是動態的，二十一世紀的智識分子絕不能太本土化而不知天下之大，智識分子對散布天下各地的社會與其文化應有概略的知識。目前的世界情勢或將來的演化與走向，都是世界各種文化在各處交流與衝擊的產物，尤其在講求全球化的今天，放眼天下恐怕是智識分子不能沒有的條件。羅索夫斯基指出的這項智識分子的特質，我有很深的感觸。陸以正先生與李四端先生在電視的對話中，也提到台灣的青年缺乏國際觀。就以黎巴嫩與敘利亞的首都引燃的反丹麥示威，已經像一場大災難一樣擴及到回教世界以及歐美的回教社區爲例。陸先生要說的是智識分子如果光記得二〇〇六年的第二個禮拜，發生了回教徒在丹麥使館前抗議還不夠，而要能分析事件的意義何在。不但如此，最好能考慮到它會有什麼後果，尤其是對整個中東的局勢或帶給以色列的前途什麼新問題等等也要考慮。我們也要知道，這事件是否與漢廷頓教授所主張將來全球的戰火與衝突，日益和文化、宗教的互不相容爲導火線者較多的說法有關。反過來說，我們也要趁這個機會探討西方所標榜的言論自由是否眞的有其普遍性；這事件的發生會不會迫使丹麥等歐美國家對言論自由的定義做深入的檢討與修正？陸先生認爲這些考慮才是他所指的國際觀，國際觀顯然不應該光是一個國際歷史的流水帳。

這在我國國際空間因中共打壓而愈行縮小的今天，智識分子非格外警惕不可，被派往國外交涉公務的代表更是少不了這一番素養。最近在厄瓜多爾，該國官員向我指陳，我們的代表表現眼界狹窄。視野一狹窄，話題就受限制，擴展國際交流空間的努力往往因智識分子的教養不足而讓成功的機會溜走，殊爲可惜。

國際觀的發展、保持與精通外語有直接關係。我日常接觸的以醫學系同學比較多，他（她）們的外文程度比其他系的同輩都要來得好，有些醫學系同學的外語好到派到國外，老外還會誤以爲這些同學來自操用英語的國家。所以驟然聽到我們年輕人的托福表現，與東南亞諸國相比幾乎屈居末座，使我頗爲錯愕。我只能猜測這一定是因一般高等學府非醫學系的學生的外文程度較差，把平均值拉下的結果。

四、智識分子應該對倫理與道德的原則有所領悟。再怎麼說智識分子總是社會的菁英，輿論的領導群，別人或許不懂，但是這個族群應該知道行爲與判斷是否合乎倫理、道德。他們不單要爲大衆樹立操守的楷模，也不能拒絕爲社會主持正義的天職。所以在操守方面，社會對智識分子的要求較多也是勢所難免，智識分子不能與平常人一樣容易屈服於同流合污的誘惑。集權政體對智識分子抱著懷疑眼光的原因是因爲他們會仗義執言，大陸過去怎麼會把智識分子打壓成爲臭老九的原因也就昭然若揭。

倫理與道德是有灰色地帶的，一不小心判斷錯誤很容易就跨步踏入這一地帶。這在北美也是常見的事。最近《紐約時報》認爲醫學的靈魂已被醫療儀器製造業及藥商所收買了，台灣的醫界是否應做反省?在操守或精神教育方面功夫下得較少的我們必須提高警覺，加強這方面的教育與磨練。

五、智識分子不可或缺的條件之一是要在自己的專攻領域累積相當的造詣。研究的磨練會使人獲得新知、思考周全及判斷犀利。在自己的領域能更深化，時間一久，連帶的知識也會廣。

最後，智識分子在養成階段要特別注意的是：認知上學的目的在爲誰而讀。上學固然有求知識的要務無可否認，但要注意的是它不是最主要的目的。在牛津大學購得的書籤上說「多念，就知識更多，知識多了就忘得多，忘得多就知道得少，那爲什麼要多學？」現今的新知識，據稱平均只有二年半。但學多了忘得也多，有什麼值得緊張的?要記得知識在書籍裡總會重複出現的，何況學習的方法與習慣本身絕不會被輕易忘掉。我在成大的某一畢業季節裡寫〈你帶著什麼離開校門？〉在文章裡期盼的是下一代的智識分子是有知識更有學習習慣與方法論的人，是有知識又有智慧的人。

第六封信

研究不是專業名詞，是生活的態度

年輕朋友：

你一定很熟悉這句很多人已聽膩的話：「什麼事都取決於人的態度與教養。」我在另外一封信裡說過，史丹福大學的哲學家阿伯拉罕・海爾謝（Abraham Herschel）認爲人的生活是問題的連續。生活是否是問題的連續，是看法的問題，你可以不以爲然，但在生活中每一個人都能保持事事質疑的態度，整個社會一定會變得較爲合理。記得事情與制度的合理化是社會進步的代名詞。這在下面會再詳述。

我一九六三年負笈美國，旅居彼邦前後共計二十年，發現那裡的人不少是以研究爲業的。問這些人到底職業爲何，他們的回答往往是研究（Research）！對這種回答我初不以爲意，但等自己更加成熟，累積了不少人生經驗之後，發現這種回答並不能照單全收，因爲這種回答把研究的廣闊意義縮小了不少。孔子曾經重複地強調學習在生活裡的重要性，亞里斯多德更是認爲求知是人的本性。每一個稱得上是人的人，應該要把生活與研究掛勾，把研究變成生活的態度。研究一詞，不應該被一小撮人群用來專指某種職業。我常常發現，當問起職業時，回答我是以研究爲生的這些人，實際上很少有固定的研究目標。他們的研究目標完全取決於獲得研究經費的難易，所以研究路線常隨時髦課題而轉向。本來以研究癌症課題爲主的人，下次見面時已改以幹細胞研究爲生的人並不少見。

這些人與巴斯德這類已把研究融入生活成爲一種生命存在的人，成爲強烈的對比。巴斯德這類人的研究生涯的每一曲折，只是必須解決的新問題的浮現與追索它的精神而已。他因此能從化學家起步，歷經發酵學家、微生物學家，而以免疫學家結束一生，是歷史上有名的生物學家。引導他的始終不是研究潮流的問題而是生活上的質疑爲先。巴斯德當然並非普通大衆的代表人物，但他的態度值得大衆學習。他曾說，天下沒有基礎科學與應用科學之分，只有科學與它的應用。這句話道盡科學研究要講究靈活的基本態度。

我深信研究應該是融入生活的一種態度問題。在主持成大醫學中心時，我就把這種觀念傳遞給我的同事與教師。現在於台北仁愛路開一診所，專治不孕症的劉志鴻醫師離開成大時，我贈了他一幅毛筆字匾額留念，上面寫的就是「研究不是專業名詞，是生活的態度」這一句話。這幅字現在還掛在他的診間，不少認識我而求診於他的病人都見過這句座右銘。我特別想向學醫的人強調，研究不是只能在實驗室進行，從事分子醫學也不是從事醫學研究的代名詞。我們要有正面的態度，不要說生活上的每種事件，看診治病人本身就是貨眞價實的研究，更是無價的經驗。問題是每一件事情在觀察之際，你能不能撇開見怪不怪的心態，而加以質疑與思考。我保證這樣得到解決的答案多半不會是驚天動地的大發現，但誰曉得它不是？況且今天可能不是，但明天可能會是呢！卻無關探究事理的基本精神。

研究不能與生活脫節的另一原因如果加以仔細檢視，普天下所做的研究仍是以提升人類生活品質者占多數，也可能以延壽、治病痛或保持健康爲遠程目標。至少大多數的研究，爲的是增加我們生活的方便性。有些研究的確是以滿足人的求知欲而做的成分較多。乍看之下，這些研究與人類生活似無直接的關係，但如果我們把眼光放遠一點，把我們的聯想力予以放開再看，它與我們生活的關係會漸漸浮現。

我有一對雙胞胎女兒。雖然她們是雙胞胎，但從在學校感染回來的上呼吸道疾病仔細觀察，症狀可能相似但絕不全然雷同，問題在你有沒有注意到這些細節。現代醫學的麻煩與好玩就在它基本上靠統計，每一種疾病與治療方法總免不了有例外摻雜在內，這是一位臨床醫師經思考而下診斷或做判斷時要講究靈活的原因，思考靈不靈活也會是研究成敗的關鍵。醫學先賢不也說過病人是最好的老師，但不仔細觀察病人，病人怎麼會變成老師？羅索夫斯基揭櫫的智識分子的條件的首項，就是思考要能做到富於創意。

研究爲何非與生活掛勾不可另有其因。試問生活是什麼？生活的定義因人而異。但依據阿伯拉罕．海爾謝等的意見，生活是大大小小的問題的連續，而人有根據過去的經驗而行動的高度本能，我們會根據過去得到答案的經驗與方法找方案而行動，所解決的方案又成爲將來解決方法的另一種知識。根據他的說法生活是一連串的考驗。這些考驗可能是與穿著或者人際關係有關的小問題。應付這些考驗與問題，經營生活自然就變成一連串的探究。應付生活上的問題得心應手的人，生活就會有較高的品質。以這種態度面對生活，研究不能與生活脫節不但自然不過，而且每次所想出來的解決策略，都會是一個新發現。實際上認爲生活是一系列的發現的人並不少見，我認爲也是極爲聰明的看法。人不能光生存就夠，人要積極地經營有意義的生活，能順便圖利他人更好。要生活就得解決眼前的問題，光求生存的人，就沒有這麼多麻煩。但是，如果只講求生存，我們又與普通的動物有什麼不同？

但中國人偏偏不強調科學研究精神的重要。吳大猷曾是中央研究院的院長，算是我國研究科學的泰斗。多年前他還在世，在某年八月二十五日的《聯合報》發表了一篇長文，率直的指出中國在世界科學界的貢獻不多。在中國，科學精神沒有像文藝復興後的西歐社會滲入一般人民的生活。他說這種現象並不是中國過去有過科學研究的態度而漸漸淪落的結果，他認爲中國人事實上不曾在眞正的科學路上，堅忍不拔地走過來。眞正的科學只有四種，即數學、化學、物理與天文。根據他的分析，中國人所領先過的指南針、絲綢、火藥以及印刷術等只是應用科學，沒有一項屬於這些眞正的基礎科學。結果中國不但在基礎科學乏善可陳，整個社會也受影響，社會因爲只有應用科學的發展而沒有基礎科學的滋補，久而久之連應用科學也逐漸萎謝而落後。清末以後中國人初見西方的船堅砲利，才噩夢初醒，想到非急起直追不可。我認爲克里斯多福・希伯特（Christopher Hibbert）所寫的清末史，書名叫《龍的覺醒》

(*The Dragon Wakes*),是一個很貼切的題目。

科學不但只是專業名詞,我們也要知道科學家根本是普通的人,他們只是對數據或實證的要求較爲嚴謹而已。如果他在生活上講究精確要求特別多,也是結合研究精神與生活的結果,並不該受旁人異樣的眼光。

對生活保持探討精神,我有自己的經驗可供諸位參考。我曾經念了幾本有關於十九世紀來台傳教又診治病人的歷史書。發現蘇格蘭人是來台爲長老新教佈道的主力。從主持濁水溪以南地區佈道的馬雅格醫師起,到後來發展彰化基督教醫院的藍醫師一家人,都是蘇格蘭人不必說,在濁水溪以北地區主持佈道的馬偕也是蘇格蘭人。唯一不同的是,馬偕是一位來自加拿大的蘇格蘭移民的後裔而已。但綜觀英國歷史,蘇格蘭人萬巴德醫師在台灣與中國留下來的傳奇故事，以及他協助英國軍醫蘇格蘭人羅斯研究瘧疾的經過，與蘇格蘭人在台佈道的故事放在一起，使我覺得蘇格蘭人有英格蘭人沒有的熱情的血液。按蘇格蘭是位於英國北部農業不發達的地區，但它與丹麥、挪威等北歐國家頗爲接近，所以雖說過去英國全國都受過維京人的搶掠之害，受維京人兇猛習性影響的深度，蘇格蘭人要比英國人來得更深。所以當英國全國長老教會決定台灣的佈道責任歸誰主導時，因爲台灣的未開發度較高，佈道難度亦較高，來台灣佈道的責任就交給蘇格蘭支部。我曾經以此維京人血統摻雜的學說，當面問了已退休在英國倫敦附近的藍大弼醫師，他笑了笑未加否認，只用台語回答我：「蘇格蘭人比較富於冒險心是眞的。」看過「英雄本色」電影的人，當不能輕易否認我對蘇格蘭人有濃厚的維京人血統的推論。

再舉例來說，你可知道氫氧化二氮又稱笑氣，發現它可以拿來作麻醉的不是外科醫師，而是牙科醫師？其實乙醚之成爲無痛外科手術的麻醉藥也始於牙科醫師之手而非出於外科醫師。不知關心麻醉史的醫師們是否問過，爲什麼這些開發無痛手術的人皆是牙科醫師？我看了幾本有關這方面的書而獲得我自己的答案。這原因說來奇怪，關鍵在牙病很少致人於死，但牙齒痛起來不但惱人而且幾乎要命，正因爲牙痛不致於死，故止痛方法的需求特別殷切。外科手術當然也會痛，但能不能忍痛的分水嶺在外科性疾病往往是決定生死的關鍵，這關鍵使病人顧不得外科手術之痛，反正等到生死關頭了，只好冒著手術之痛而甘受手術。這不是一段很諷刺的歷史，是值得稍做研究的題材。

台灣建築配置水塔也是值得探究的問題。我擔任成大醫學院院長是一九八二年的事，那時台南與台北之間班機不多，接待外賓由自己開車前往中正機場較爲容易。但在高速公路每次見到住宅屋頂有亮晶晶的水塔，外賓必問：「那是什麼？」我說：「那是水塔。」外賓多半會追問：「爲什麼每一家都需要裝置水塔？」我會回答：「水壓不足。」美國的人口只有二億三千萬人，一天馬桶要沖掉六十八億加侖的水，但世界上尙有十二億人沒有乾淨的水喝呢！可見美國人浪費水資源成性，他們所問的問題並不值得驚訝。但是國人認爲蓋房子必須配置水塔，而很少思索其原因何在。據我的調查，所謂自來水者，是水經過種種處理後，蓄存於水庫，然後加壓送達用戶的。壓力要保持在每平方公分水管二到七公斤之間，這種標準也是起自美國的。很多先進國家就取其高標準，保持水壓在每平方公分六公斤，以備救火時突然需要的水的衝力。如果能保持這水壓，樓上幾層也不會有沖洗不痛快之苦。我們卻常在電視上見到消防隊員因水壓不足而無法灌救火焰的窘況，遑論二層或三層的建築物如不裝水塔便無法應付隨時發生的無水之苦。問題在政府對水管的品質與自來水加壓方面控制不良，水的供應常青黃不接，住民只好發展了裝置水塔的自力救濟方法。

民衆自行設立水塔解決了水位落差的問題一久，大家也忘了加壓供水是極爲重要的政府基本公共設施。所以只知自力救濟解決自己的問題而不研究事情的因果關係來督促政府，社會難以進步並合理化，身爲社會成員必須睜大眼睛。

我認爲在台灣生活，到處可以目擊進化論在眼前進行，不知年輕朋友注意到了沒有？據稱台灣有六十萬到一百萬條流浪狗在大街小巷自生自滅。牠們要覓食、要拉屎、要躲避車輛，而且要提高警覺，防範口說牠們是人最忠實朋友的人類的殺害，因爲牠們在冬季常被人類捕殺進補。這種現象在台北市較不多見，因爲台北市的管理條例似乎訂得比較嚴格，但流浪狗在台北市並不是沒有，只是這問題在中南部甚至於台北市近郊比較嚴重而已。經我的仔細觀察，流浪狗雖多，但被來往馳騁的車子輾死的機率在台灣不如想像得多。原來台灣的狗，尤其是台北市區的，是會看紅綠燈的。人在十字路口等交通管制燈變綠，狗就會和人一起招搖過街。但據科學家研究，狗是色盲，因此牠們紅綠不能分別才對，怎麼能學到一套分辨紅燈與綠燈的功夫？我觀察的結果，原來狗注視的是站在牠身旁人群的動靜而非紅綠燈。等到人開始走了，牠也起步。這是絕頂聰明又絕對沒錯的一招，因爲人會躲避危險，能跟著人行動的聰明狗，生存與傳宗接代的機會才會多，沒有這種才華的狗，早已被撞死斷種而絕滅了，美國嬌生慣養的寵物狗一定屬於這類。在台灣，大街小巷的車輛儼然成了達爾文所指的自然壓力而扮演適者生存的選擇者的角色，能觀察人的行動在台北市大街小巷來來往往的狗是經物競天擇，由這壓力選擇出來的生存能手。其實我在陽明山的山路不止一次地開車遇到流浪狗，牠們遠處看到我的車輛將到，會馬上暫時打消想橫過馬路的原意而回到原位，也是進化的一種狗。

可惜，中國人因爲傳統的文化不同而做這種分析的意願不高。把觀察與研討帶進生活的方法，與學習的方法沒有兩樣，這可由後天的訓練多少提高。

做學問一定要有觀察力與分析力。這是年輕朋友常聞的勸誨，但這些思索與腦際作業一定要靠異中求同，同中求異的要領。要達到異中求同，同中又能求異要能洞悉事情，要能看到事物的底細。

端詳幾件事情的底細一番，會找到這些事情帶有的一個公約數，以這公約數把不同的事歸納成群，就是異中求同。反之，表面看起來相似的事情，看到它們的底層，往往會發現它們的性質不同，找不到一個公約數，就是同中求異。大陸的作家李長之曾在他的書《司馬遷的人格與風格》中說中國人有同中求異之才，但異中求同較差，表示我們分析事理的能力並不完整。我勸年輕朋友要在這一方面多下功夫磨練。

另有一個方法在分析事由或研究質疑的時候用的方法，叫化約分析法（reductionism）。年輕的朋友面對一個複雜的問題時不必緊張而手足失措。看起來再複雜的事也可以把問題一一分析。我們說抽絲剝繭，大陸上說像剝洋蔥皮一樣地剝。這個方法的妙處在把問題剝成簡單的許多板塊，一塊塊以各個擊破的手法，決定它的是與不是，最後達到的結論會是很簡單的。

現代的分子生物學、分子醫學，或分子細胞學可說是以化約分析方法作主軸而產生的學問。一個新陳代謝陰錯陽差，且有黃疸的疾病，可以一一測定各種功能而最後達到一個結論：原來只是缺乏一個酵素而已。這種例子很多，不勝枚舉，都可歸功於化約方法。觀察生活也可應用這種方法。

我要年輕朋友記得的無外乎是：生活充滿等著你去挖掘的問題，你隨時隨地都有發現的機會。如果沒有這種的生活態度，整個社會會逐漸沈淪。我國社會充滿著不深入思考的毛病，故重要爭論都未成社會議題，這一個毛病，台大的陳耀昌教授在其著作《生技魅影：我的細胞人生》裡有重複的指陳。

第七封信

爲什麼要求學？

朋友：

我在喬治華盛頓曾經挑起該校微生物學科教學的大樑，並擔任窗口，負責規劃該科爲醫學系學生開的最重要的課程——醫學微生物學。凡是對課程有任何意見的學生，皆找我商談。喬大的醫學院與很多美國的醫學院一樣，微生物學並沒有期中考，但一個學期有五次考試。醫學微生物學界線分明，範圍又廣，所以每次考試不是每一個老師都會出題。有一次考試已近尾聲時，一位已經交卷的白人女學生來找我抗議，說該次考試的第二十二題起的三題問得太簡單，跡近侮辱她的知識。她不是衝著我本人而來的，因爲我那次考試並未出題。等她走開，我仔細研究她指的三題，的確沒有什麼教育的價值。教學不能或忘的是老師出題要花時間，考試絕對是教學的延長，我從不輕視考試品質的重要性。

這位白人女學生帶給我的訊息並不尋常。她是眞正知道爲誰而讀的學生。在喬大時期有一位我敬佩的教授常跟我提起，學習的責任最後還是落在學生的身上。所以教育應該講求爲學生培養獨立精神，肯爲自己的行爲與成長負責，這種覺悟存不存在也是測量EQ的指標之一。這位學生算是這類年輕人中能對教育的目標有所認知而又能劍及履及的代表人物。

在國內如果考試題目太簡單，不知是否會有來老師辦公室抗議的學生？我用這個例子問了不少台灣高等學府的教授，他們都異口同聲表示這種學生在國內很難找到，因爲國內知道爲誰而讀的學生不多。不要說學生，恐怕確實知道教育的目的何在的老師也不多，而知道學習是學生自己的責任的老師則更少，許多家長更是這問題的核心癥結。

我們爲什麼要求學？我們爲什麼爲此要選擇好學校？學校是人啓蒙、成長的地方，但學習是學生自己的事，不是爲了別人，而且教育早就開始於家庭，不是在學校才能進行。美國名校伊頓（Eaton）的校長曾經提起這一點來勉勵學生，說上學校的主要目的是把學習的方法整理成爲習慣，他的名字叫威廉・強生・柯瑞（William Johnson Cory）。如果學習的動機正確，上學與不上學並沒有重大的差異。過去成名的人，根本沒上過正規學校的比比皆是。寫《大地》而一舉成名的賽珍珠在就學美國本土的藍道夫・馬孔（Randolph Macon）名校以前，只在上海上學，其他的時間即在家中學習，由父母親請非正規的家庭教師了事。英國的偵探小說作家阿格莎・克莉絲蒂則始終沒有受過學校的教育，靠的只是換來換去的家庭教師的教導。所以問題都看求學者的動機何在。

學習者不但要發現自己的特質，知道建設自己應走的路到底何在，更不能忽略適應現況的能力。要做到這一點，當事人要具備相當的成熟度、獨立性與判斷力。沙勒維（Salovey）及梅爾（Mayer）所列的EQ的確列有這幾項指標。沒有判斷的能力，就找不到自己的特質與興趣之所在，這種人當然難以到達了解為誰而讀的境界。但要知道，生涯的路沒有一條是平坦的，走在中途遇到挫折而跌倒在所難免，想不折不撓的向既定的目標前進，就要發揮屢敗屢戰的精神重新站起，這也就是成熟與適應的有效表現。

台灣教育在訓練學生早日獨立的努力顯然較為不足。有一次在柏克萊聚會，對台灣教育很關心的諸位教授就開門見山提到這個盲點。他們認為教育在台灣或甚至大陸，在精神面的成長較弱，這我在另一封信也提過。精神面的各種要素皆屬於EQ的藩籬，自不待言。這種弱點的長久後果，是在各領域培養出ＩＱ有餘而ＥＱ不足的名匠，而較培養不出有智慧又有知識的眞正的智識分子，社會就因無菁英而一直庸俗下去。

說實話，在醫學教育的領域來說，在異國尤其是北美接觸醫學生一久，再回來接觸國內的醫學生，這裡的醫學生給我的感覺總像是一批剛離開羽翼環境的小孩。他（她）們不像這封信的信首所提的白人學生，不知道打拚是爲自己。我不是有這種感受的唯一人物，這是我訪問的每一所學校的老師的共同意見。

獻身教育的不少國際專家愈來愈有一個共識，認爲高中剛畢業就要學生選擇一輩子的生涯路線而專業下去，未免太早又強人所難。講到這裡如果不提美國具有長遠眼光的教育家弗氏（*Abraham Flexner*）我會有遺珠之憾。要知道十九世紀的世界醫學中心不在北美而在歐洲，美國當時的有名醫學教授皆以留學德國等歐洲國家而自詡。他們的英文文章裡常常會出現德文、法文原因在此。十九世紀後半醫學界曾吹起一陣發現病原體的風潮，所謂病原體當時主要指的是細菌。有人戲稱這一段時期為競相發現病原細菌的奧林匹克，美國連這奧林匹克都沒法進入，領先這競賽的是德、法、英歐洲諸國。十九世紀裡，美國在醫學上只有兩項值得大書特書的貢獻，一是十九世紀中葉外科用痲醉劑的發明，另一是威廉・保蒙（William Beaumont）有關胃液分泌機制的研究。除了這兩項成就以外，美國在十九世紀的醫學貢獻幾乎毫無建樹。因此，二十世紀初，位於匹茨堡的卡內基給了在約翰霍普金斯主攻教育學的弗氏一筆研究獎金，專心研究美國醫學教育落後歐洲各國的原因及解決這問題的策略。一九一〇年弗氏綜合其數年研究所見而發表了聞名世界的所謂「弗氏報告」（Flexner Report）。這報告提了幾個建議，幾乎一夜之間改變了美國醫學教育的外貌，在二十世紀中葉把美國推到世界醫學王國的路上。

弗氏改革的秘訣之一在增加進入醫學院學生的成熟度，他根據這秘訣詳細地爲美國醫學系訂了入學的規格。弗氏報告問世前，美國有數百所醫學院，皆以師徒制教育爲其骨幹，入學規格則各自爲政而參差不齊，更談不上所謂的國考與評鑑。但最重要的是弗氏報告主張學醫的人要合乎一定的資格才能應徵入學，爲入學後的專業學習也要做好妥善的準備。他所祭出的基本方案是，做醫師的考生應先念完醫預科，而醫預科指的是大學部的四年學程，換言之，弗氏主張美國的醫學系都成爲後醫系。弗氏企圖給選擇生涯職業的考生更多的時間去累積常識以判斷自己的性向與所學是否相符，才爲生涯做最後的選擇。他所揭示的似乎也是要讓學生知道，念書是爲了充實自己的生活，而選職業更是爲自己而做的事。弗氏報告的說服力與影響力從哪裡看得出？弗氏報告一發表，本已存在的四、五百所醫學院皆相繼聞風而倒，現在全美只剩一百二十六所。所以我覺得台灣大專學生在做人方面與外國學生相較，比我看過的北美學生稚氣未消，是不容輕視的現象。

弗氏爲美國醫學教育做了重大的貢獻之後，在普林斯頓大學擔任高等學術研究院院長的職位。他第一位從歐洲召聘的學者是愛因斯坦，表示他有過人的眼光。有一天另一位年輕的數學家來院報到並訪問弗氏。當這位年輕人問弗氏：我的職責是什麼？弗氏答曰：年輕人，你在這裡沒有職責，但有的是成功的機會！表示弗氏對讀書研究全爲自己有一貫作風與信念。

前一陣子報紙上出現了成大學務長柯慧貞教授，在台灣兩所大學進行有關大專學生自殺研究的初步成果。雖然柯教授一再叮嚀這些數據還未寫成學術論文發表，但從初步披露的幾種數據已經夠替我上述的觀察背書。柯慧貞教授發現，我國大專學生企圖自殺或自殺死亡的學生在人數比率上來講比外國顯著地多。如果分析問卷調查的結果，自殺未果而獲救的約有一半的人說他（她）們不知道自己的生活目標何在，而且這數據在九十二年度與九十三年度皆未有很大的改變。其中有相當多的學生表示，他（她）們的努力似乎只是在達成別人的目標，而不是自己選擇的目標；更有不少人覺得雖然自己明白這是非解決不可的問題，但深覺自己處在「跳不出」的環境裡窮著急，所以人在江湖身不由己，是否是我們社會教育下一世代的寫照呢？我從柯慧貞教授這通電話學到不少東西，但使我淒然卻不驚訝的，莫過於她的主要結論：台灣的大專學生較外國學生有成熟緩慢而延後的現象。

台灣學生為父母而讀或為別人而讀的現象很容易想像，促成這現象的因素之一即父母溺愛與望子成龍的盲點。記得一九四〇年代末期我在新竹中學就讀，於五〇年代畢業北上考台大與師大是單刀赴會的，我從沒想到過要有雙親或任何人陪考。當時雖然因為年輕，頭腦一定較為簡單，思考能力難免有限，但也有治學是為自己的思維在心底裡萌芽。一九八二年回來一看電視報導聯考鏡頭，最讓我眼睛為之一亮的是考生的父母親在替考生擦汗與用扇送涼風的場面。這在我看來明明是人格發展的一種退步，也在為柯慧貞教授的調查數據結論說話：台灣學生的成熟度與獨立的層面比以前滑落。我知道造成這風氣的責任不單是家長，光責備家長也不是辦法。

對治學目標認定的不成熟的後果之一，是一旦學業成績不如理想就想出種種辦法來掩蓋，不知如何面對。有的學生還會塗改成績蒙騙家長，假裝沒事，以求每日照樣上課，比較嚴重的是乾脆輟學。他（她）們有的每日回家，有的根本不回家而匿跡的也不在少數，這會折磨愛子女的父母的心，而最嚴重的是會做出與柯慧貞教授研究對象相同的行動。

美國名校重視以面談來評量考生，目的在藉此評估學生學習目標的認知，以及學生學習的潛力程度。我們當然也可以利用面談來全盤評估學生，來衡量與篩選懂得爲誰而讀的學生。這種方法在國內各界，尤其是企業界已經用得很多。教育改革後，多元入學成了時尚，學校推甄與自行申請入學也多了面談這一項，表示在教育界面談也漸形普遍。但我們要提醒自己，如果要面談發揮應有的效率而落實，不能缺少面談的能手與家長的信心，好在兩者都是能耐心訓練的。面談絕不是萬靈丹，它或者能淘汰不會溝通、不成熟的怪人，但挑選出來的不一定個個理想。我們卻不能因此因噎廢食，因為天下沒有十全十美的制度與方法。能有一個七全七美的制度就應該滿足，反正重要的是後續的修正與改善的機制。我想一試定江山的聯考都避免不了不公的毛病。

這個社會曾經過了一段白色恐怖時期，過去施行的基本上是壓制個人才華的教育，所有的學生基本上是同一個模子印出來的，而升學是年輕人成長的唯一目標。因爲如此，我們的社會當時根本談不上有職業棒球、職業籃球，行行出狀元是天馬行空的一句話，壓制個人才華才是常軌。家長與老師以體罰及各種處罰逼年輕人做的，是考試考得好而升學。我記得那時有名的籃球隊皆必須附屬於台灣銀行或公賣局，會打球的要靠這些機關的徵召，占一個職員缺，有一辦公桌，行上班之名而做打球之實，如果這發生在現在，叫政府如何「瘦身」法？這些有打球才華的人還被人以四肢發達頭腦簡單取笑。我於一九六三年從這種社會突然負笈美國，看他們的教育眞有劉姥姥進大觀園之感。原來他們的社會才是行行出狀元的社會呢！

彼邦的教育不見得樣樣理想，最近的《時代周刊》還有以美國教育危機爲主的特輯呢！但對我來說，與台灣的教育一比較，最強烈的對比是他們不打學生也不逼學生，目的只在幫你認識自己，發掘自己的才華，學習是一項快樂的經驗。當然彼邦也免不了有不少中途輟學的年輕人。我曾寫了一篇題爲〈四肢發達而頭腦也不簡單〉的文章，裡面剖析的是山普拉斯與阿格西等網球好手，他們的才華與個性能在球場傾囊而出，是一場體力的競賽，也是智慧的較量。那種出人不意，聲東擊西直攻對方要害的功夫，絕不是壓制個人才華，使人不知爲誰而讀的社會能培養出來的。

因爲我們多數年輕朋友都想聽長者的話，又常抱有既來之則安之的心境，所以升學上學和學習之間自然劃上了等號。在這個社會中，看到自己的性向與所學不合，見好就收、趕快改行的年輕人就比外國要少。我在喬大曾有第一年念微生物，使我們教授皆極爲滿意的老外學生。但第二年他未來註冊讓諸教授鶴首等他，等我下次見面，他在百貨店賣西裝。問他輟學原因，他說他發現自己不是學醫的材料，醫學系的學習並沒使他覺得快樂。我常常聽到留學念研究所的學生回來台灣說，去外國才發現，老外的學生平均年齡較大，社會經驗充足，相較之下，我們的學生比較年輕不懂事等語。要注意的是，老外認爲上學念書只是爲缺陷補強，眞正的經驗與學習在實際的工作崗位與生活。所以老外比較能安排自己，知道爲誰而活，爲誰而工作，爲誰而讀，而很少盲目地學士、碩士、博士一輩子以升學爲志向一直念下去。如果一直念書，當然平均年齡要比較年輕。

喜見我們的社會能擺脫過去的習性，而有行行出狀元的徵象逐漸增加。這是社會合理化，也是一種進步。社會上有了各種職業體育，而知道爲誰而練爲誰而讀的人似乎也多起來了。過去，用一個模子以制式教育促成的升學死板主義充滿社會的台灣，也並不是沒有堅持發展自己才華而出衆成名的人。李安的成功不就是好例子？他克服了周圍的壓力，年輕時就自尋出路的故事已頻被媒體報導，無須在此加以渲染。年輕人能認識自己的長處所在，確是成熟與獨立性增強的象徵。尤其可喜的是，二〇〇六年二月十九日《中國時報》在A2版報導的體制外學校受承認的新發展。其中有名阿詢的年輕人說在體制內的學校就讀時，老師曾因功課問題想打他，但他據理力爭，告訴老師若想要學生注意功課，要用其他方式，報導的字裡行間，表達要設法使學生自己發現自己，知道爲誰而讀，才能使年輕人快樂地學習。該篇報導充滿了學生各自發現自己求發展的自由。藝術家程延年創辦的中學叫全人中學，言外之意，校名本身就重視IQ與EQ的平衡。

我有一親友的兒子曾經就讀於美國一所名大學。這位年輕人一、二年級時成績斐然，使父母親頗爲稱心。但不知怎地，三年級開始他的成績一蹶不振，學習的精神散漫，結果大學當局要他休學，去做一年事。但學校要他在一年後申請復學時，提出一份他做事時上司的證明，證明他做事專注，肯對自己負責，否則學校講明他復學無望。我不知國內有沒有這樣監督學生的學府？這所學校的作法，很符合要學生知道爲誰而讀的理念。

第八封信

勇於提出合理建議，社會才會進步

年輕朋友：

我們都要一起努力更深切的認識我們自己的社會，希望它進步。

二〇〇四年底的一天，我奉衛生署之命主持了在圓山飯店舉行的愛滋病防治國際會議。最後的這個會議叫圓桌會議，照例由國內外的所有講者出席，這些人連同主持人都坐在聽眾面前，把他（她）們在會中未能暢言的論點或結論再予論述。我卻在主持這場圓桌會議經歷了一陣想找個洞蒙頭躲起來的經驗。

參加這次圓桌會議的諸學者中有個名叫佛斯特（Foster）的美國人。他是美國著名的愛滋病防治協會主席。在台北的數天，他走訪了飯店附近的三溫暖，店主送了他一包禮物，打開一看，是三枝香菸。他向聽眾指出，店主該知道三溫暖是男同志聚集的重要地點，因而很容易成為全球各地愛滋病的主要集散地。他說如果店主要送禮物給顧客，該送的是保險套。香菸不但與愛滋病防治毫無關聯，還是有名的致癌商品呢！以保險套做禮物？聽起來難免有點怪怪的吧。但他的結論卻鏗鏘有力：他認為台灣人對台灣的社會眞相了解不深。

我在《談教養》一書裡強調，有教養的人是有智慧的人，要達到這境界，光是有知識還不能稱得上有教養。教養的重要要素是對自己存在的意義充分了解，而這種自覺出自於自身對周遭環境的相對位置的正確概念。自身與環境，包括自身與別人或與社會的關係要弄清楚。知道了這種關係脈絡，我們的進退才有分寸又能見好就收。《孫子兵法》裡面最受人矚目的制敵獲勝原則，不就是知己知彼？

前文已經提過，因與克里科共同發現遺傳因子的基本構造是雙股的DNA而獲得一九六二年諾貝爾醫學獎的瓦生，在他的近著《DNA，生命的秘密》中用社會物種來形容人類。換句話說，他認爲人是唯一靠群居，靠組織複雜的社會才能生存與生活的物種。這種看法東西兩方的先賢早就提出，並不算新鮮。但提出科學證據，以科學的驗證與演繹方法申論進化論，幾乎說服全天下的恐是達爾文。達爾文於一八五九年發表其進化論於《物種的起源》一書之同時，即已認定只有人這個物種，才有眞正的倫理道德，只有人類會組織複雜的社會，靠群居求本身的生存。瓦生的說法出現在達爾文細膩觀察的一百年後，無疑爲達爾文的結論背了書，因爲他和克里科也證明所有生物的遺傳因子，都是雙股的DNA語言。瓦生稱人爲社會物種正也爲達爾文的人類觀打了一支強心針。

所謂社會學是一八三八年由奧古斯特・孔德（August Comte）所命名的。但這學門卧虎藏龍六十年，才獲得了獨立學域的地位。依我本人的看法，社會學所以能在六十年以後翻身，與進化論在十九世紀中葉後期出現的刺激一定不無關係。社會學到底是什麼學問？社會學是研究人在社會的行爲的科學，它特別注重社會成員之間，以及成員與社會這個共同體的構造、接觸與行爲的性質、動機以及其結果，爲它們做科學的剖析與定義的學問。做這些研究的目的，不外乎是對我們自己的定位深入了解。社會學也研究社會的風俗、文化及制度的來源。學社會學能增加認識自己的以及別人的社會，社會學遂成了教養人的中心學域。

人類的社會屬性是衆所周知的事，但我們認爲今天光講這屬性已經不夠，我們恍然社會的存在還要靠成員的利他主義。成員能利他又注重公益，社會如因而繁榮發達，受惠的會是全體成員。如果社會的成員只重自私，只知道騎在別人的頭上爬高，將會把社會搞亂，社會因而沉淪，連累而受害的會是成員自己。所以成員的和諧合作，是社會共同體生存的必要條件，社會進步的原動力。依瓦生的看法，人類還在以採集爲食，合力捕獲長毛象（mammoth）才有晚餐可吃的蠻荒時代，就已發現合作合力的重要性。但我並不認爲每一個人天生都有合作的美德之心。瓦生也認爲利他與自私行爲的動機有時候難予辨別，因天下必有因暗求回饋或獲利的動機而裝模作樣假裝利他的小人，這是無可奈何的。畢竟你我都是由野獸演化而來的，不是嗎?因而這社會有些獸性難掩的，或不知社會眞諦的人，也不值得大驚小怪。如果要馴服獸性，要靠教育的力量，這力量也就是馬克吐溫的所謂外力。

就以人的健康幸福爲對象的醫學教育來說，了解這社會的本質、風俗與習慣，以進一步掌握社會成員的行爲，是做醫師之前必須先要灌輸給學生的知識。能掌握病人行爲的動機，診治的醫師破解病人疾病的緣由較爲容易，因爲情緒起伏與身體的健康狀態有密切的關係。世界醫學聯盟標榜的七個醫學教育目標的排列順序反映了了解我們所處的環境的重要性。這與美國醫學院協會把利他主義列爲醫學教育四個目標的第一個目標，不是偶然的巧合。這四個目標是利他主義（Altruism），知識廣博（Knowledgeable），看病技巧熟練（Skillful），具備敬業精神貫徹始終（Dutiful）。同樣的原則與目標也可以應用在所有與醫學有關的領域，即護理、醫檢、復健等等。

說實話，走入哪一個領域不必以這些目標爲自己成就的標竿？

你知道我問話的意思？因爲人都是以社會一分子的姿態而成長的，我們的生活充滿脫離不了社會的事並不限於醫學。

以這些觀點檢視我們大專的課程表，不管是以博雅爲目標的通識教育或專業教育，很難找到增強認識自己社會的課程，遑論是道地的社會學。社會學主要僅見於社會學系有關的一些科系與哲學系，在其他的學域，社會學或觀察社會的方法沒有受到應有的重視，智識分子就很少具備洞悉社會環境的能力。誠然，近代的技術革命已經把教育推動到如何才能使每一個人成爲生存的能手，學問以學以致用的考慮在先，而做人要寬宏、禮讓等等的身教言教一律已被排擠到末座。有些排擠作用是勢所難免，但起碼做人的原則教育卻不能放棄。就拿完全以人爲服務對象的醫學來說，其倫理道德的教育應該是學醫的基礎，如果要從事與醫學有關的人，不以知識來做違反人道精神的事，教育當局了解該爲這些學生做何種心靈上的準備工作當不難。如果醫學所服務的對象是社會的成員，而社會學是研究這些人的風格行爲的話，那社會學對走入這領域的學生來說，應是必修的課。如果我們做到這一點，佛斯特的困惑也會煙消雲散。

佛斯特不經意的指陳了我們的教育盲點，認爲我們沒有注意教導社會成員了解自己的社會，以至於看事有了見怪不怪理所當然的態度，對事理不知加以分析其意義而照單全收，這是無法推動社會進步的。評量境遇，衡量自己與別人的關係，以決定自己的處世取向，正是學社會學的目的。

什麼叫社會的進步？跟著美國走，而且走得有模有樣就算進步了嗎？街上有Pierre Cardin或Gucci代理店比鄰而立，或五星級的飯店相繼出現就算現代化？每年來台的外國觀光客有增加與否是社會進步的指標？貿易成長就算趕上了現代化的腳步？街上有穿低腰褲的年輕女性招搖過市就是進步？朋友，到底什麼是社會進步的眞正面目？

根據社會學家馬克斯・韋伯（Max Weber）的看法，社會的近代化，首先要靠成員的思考力的改善、生活方式的改變，以及對社會的態度和制度等等的全體和諧的合理化。韋伯也強調這合理化一定要合乎科學化的道理。進步的這種思維起源於西方，難免西方社會在這觀念上也領先東方。盲目地追求西方時尚，卻不深刻地了解藏在深處的行爲動機，社會不會有眞正的進步。但社會想在某一個制度上求合理化而進步，首先要使成員認出社會的不合理處在哪裡，不合理的事也認不出，就免談謀求社會的進步。

如果以上述這些尺度來檢視我們自己的社會，不合理的現象隨地皆是，觀察者只要有犀利的一雙眼睛與思維的能力，就不難發現。

我曾經一手解決了攸關國家音樂廳管理上的不合理。我認爲該廳經營者在我做下述的建議前，並沒有站在聽衆的立場重視這個缺失，方便聽衆進出該院，去推展文化活動。我幾次親身經驗這不方便，覺得不能再予忍耐而寫信做了建議，就一舉解決了這不合理的事。

問題解決以前的情況是這樣的：國家音樂廳與相對而立的戲劇院一樣有伸縮性鐵門，過了鐵門是坡度頗高的車道。但那伸縮性鐵門基本上是關閉而尾端只留人過的小細縫而已。如果聽衆乘坐計程車赴會，必須在信義路人行道下車徒步走過這門而爬那坡道。大門前的廣場因爲經常沒有車子上來，早已成了附近社區或學校學生，尤其是演練舞蹈或練習功夫與太極拳的社團占用爲練習場所。只要他（她）們在，地上就布滿了大夥兒脫下來的衣服、鞋子、包包、礦泉水保特瓶等等，進場聽衆必須做蛇行前進才能到達收票的大門口，有如在西門町鬧區走路。音樂廳這樣迎接，有點虧待付錢買票赴會聽大師演奏古典音樂的聽衆，因爲一到門口看到這場景就會興致大減。散場時，乘計程車赴會的聽衆在大門鐵定叫不到車回家，因爲伸縮性鐵門還是照關，拒計程車輛於路上。但問題是很少計程車會在景福門即進入可靠近音樂廳人行道的慢車道。一方面那段信義路的快慢車道分隔島根本沒有缺口可供快車道上的車轉入慢車道。另一方面，據計程車司機說，市政府恰又規定計程車在音樂廳地區不可在信義路停車招攬生意，衡量狀況，散場後聽衆只好步行至杭州南路才有機會招攬車輛。最慘的是雨夜，而最難堪的要算入場時天晴，出場時是傾盆大雨的夏天驟雨。我曾指陳，捷運中正紀念堂站與兩廳院的地下室沒有鑿通一條地下道是台北市文化建設的一大敗筆，如果有這麼一個通道，驟雨不驟雨對聽衆將毫無影響。沒有這麼一個通道，想坐捷運或計程車的聽衆，要冒雨走上幾十公尺到百公尺左右的夜路。

這是音樂廳爲聽衆服務不合理的很好例子，難道音樂廳不能站在聽衆的立場，方便他們享受一場文化洗禮，好好離開兩廳院?喜愛音樂或藝術表演的台灣大衆，難道沒有一個敢於發言，絞一點腦汁而把不合理事糾正的閒情?誰知道，這閒情或雞婆精神才是一個社會合理化的動力呢!如果沒有這種動力，兩廳院在全市豎起的宣傳旗幟幾乎變成一片空言。

我寫了兩封信給當時的教育部長曾志朗以及台北市政府當時的文化局長龍應台。我的建議既具體又簡單：一、請趕走大門前的年輕人群，因爲這不是張惠妹等人在屋外開大型演唱會的場所，它是國家兩廳院，是古典藝術的大殿堂。這麼做可立即恢復兩廳院的莊嚴氣息，有利於配合文化工作的推行。二、請打開鐵門，讓自用車或計程車送聽衆直到大門才下車，如果不這樣，當時設計坡形車道的原意何在？三、在信義路景福門附近的快慢車道分隔島立一閃滅燈光配以標語牌，音樂會接近了尾聲就先予開啓，使計程車認出信號來院排隊。四、散場時聽衆離開大門，即排隊魚貫而上在大門前排隊的車子，有如松山機場。

年輕的朋友，合理化的建議是無敵的，具有強烈的說服力使反對者無隙可擊。我的那兩封信寄出去後過了兩個月，事情我早已忘了。等我後來為了一場音樂會又去國家音樂廳，發現交通管理的不合理已一掃而光，門前井然有序，聽眾赴音樂廳聽音樂添加了一分尊嚴與光彩。前幾天我參加了一個餐會，同座的有以前供職於兩廳院的領導階層的先生，他還提起看過我的建議書。這一場交談勾起了數年前的回憶，因為我曾經在《聯合報》繽紛版登了一篇文章叫〈給我一個掌聲〉披露此事。我認為這是改善制度，使制度更合理化的一個好例子。我是很驕傲的。

另一個不合理的例子是我大聲疾呼的社會污點，這污點是生命太不值錢。冷眼看這社會，可見我們社會裡人人冒風險的程度頗高，因而怪異事故特多。陳耀昌教授在二〇〇四年七月份的《財訊雜誌》說我們在醫院裡為七、八十歲老人花費鉅款醫治，但另一方面在院外，往往一個不小心的疏失就報銷好幾條年輕人生命的不合理現象。據世界衛生組織的統計，我們社會的事故傷害死亡率與南韓高居先進各國的前茅。例如義大利的事故傷害每一千個人口一年有十四點六件，台灣則高居五十點三，這數字表示台灣人已到輕視生命的程度。對生命的價值觀不正確，對風險判斷就出問題，事故就多，我稱我們的社會是天兵社會的原因在此。天兵的英文是accident-prone，如果我們打開電視看媒體報導新聞，大小火不斷、車禍連連、動輒殺人，你就會相信我的話。

冒風險成性，對自己的生命不但不在乎，對別人的生命甚至動物的生命的不愛護當然也會有老外看不慣的習性。中國人的飲食文化很特殊，中國人以什麼都吃聞名天下。大概你也聽過外國人認爲中國人不吃的只有碗筷桌椅，其他怪異的動物、器官皆能下肚的笑話。

但最矛盾而不合理的，台灣人嘴邊總說狗是人最好的朋友。但偷狗、殺狗吃狗肉進補是台灣人的重要習慣。對我來說，這是社會最諷刺的現象。你有沒有想過，冬天一到把你最要好的朋友宰來進補的不合理？狗不但爲盲人帶路，在災難時發揮其嗅覺爲救人出生入死，牠還替你看家，在機場尋找痲藥、炸藥，恐怕捧牠爲人最好的朋友還不夠呢！總統在狗年不是在全國人民面前稱狗爲人最好的朋友？但有百萬條這麼好的朋友在大街小巷自生自滅的台灣，爲什麼沒有合理的解決辦法？前幾天還有大陸殺狗賣肉的現場拍攝鏡頭，那殺死一條生命不眨眼的模樣，不禁讓我想起白修德在其暢銷書《歷史的探尋》（*In Search of History*）中有一短評，認爲中國人對生命的尊重比先進國家差得很遠，並不像我們常背誦的儒教文章所說那麼仁慈。流浪狗問題已超出我能建議而合理解決的範疇。

例如說，我覺得開生命多樣性（Biodiversity）課程的老師應該知道這種課並不是單純的生態課。我們應藉這個課程了解人的生命，其實是自然界一百四十多萬已冠有林奈種名的物種的一種而已。知道我們的生命型態是這林林總總的生命型態的一種，我們就應該尊重所有的生命，包括狗，也應該尊重。生命是互相依賴的，最好的例子是食物鏈。生物多樣性課程是增強對生命存在的認知重要的第一步，這也是認識社會的一環。

我以合理化及生命的價值觀爲例子，認爲我們應該深化認識自己的社會以求進步，並指出進步是合理化而科學化。

誠然每一個社會，甚至於族群都有不同的文化。如果把我們自己的社會特徵百相認爲是文化的不同，而對我的指陳認爲是雞蛋裡挑骨頭，那就無進步可言。我認爲這種防禦性保守的反應是一種與世界潮流逆向而走的態度，這種論調在講求全球化的今天並沒有立足的空間。人類的社會在交通不發達的時代被山川分割，各自演變出了合適的生活文化且發展成合於這文化與倫理原則的生活方式。不過，在今天的世界，這些界線漸漸消失，世界正成爲一個小村落呢！

第九封信

你的典範是誰？

朋友：

典範英文叫role model或者叫example。找一個典範或者幾個典範作自己的目標是一個極爲實際的學習方法，這會把一輩子的學習目標具體化而易於追尋，並把學習落實。爲什麼有了典範就容易學習？從另一個角度切入，我們不是剖析過，學習的起步原來不過是模仿而已嗎？典範最大的用處就是會成爲模仿的樣本。

我常聽到台灣的醫學生抱怨台灣的醫界沒有適當的典範可以挑選做爲自己模仿的對象，這使我頗爲不解。難道你自己的造詣已出衆到連在台灣境內找一個比你更強，而可做模仿學習的對象都找不到？這我絕不能相信。又，找一個典範何必捨近求遠？孔子不是說過三人同行必有我師？說話有條有理也可以學習，或身邊如有比你的台風優雅而具說服力的人，他們就可當作自己的典範。問題是你會不會認知身旁有位在生活與工作方面值得自己效仿的人而已。

我認爲我是面談的能手。負笈美國在喬大擔任該校教職多年，有一天一位老外同事聽到我在和一位喬大醫學院微生物學科謀職的年輕人面談。謀職的人一走，聽到面談的同事就來我辦公室對我表示偷聽別人對話的不道德，但她也表示我面談的技術爐火純青，並描述我是aggressive interviewer，表示我是一個積極性的面談人。要成爲積極性的面談人要能正面地向被面談人挑起新話題，使被面談人在無意中剖開心底給我察看。做不到這一點，面談等於是白做。面對每一位學士後醫學系，以及推甄或自行申請必須面談的七年制醫學系學生，我一定會問的面談問題是：「你的典範是誰？」對這一問題，或者補習班已經替考生備好適當的應付方法與制式回答，但這也無妨，我還是照問。因爲誰是自己的典範是自家事，是被面談人自己決定的，絕不能由別人越俎代庖。如果考生像一隻會學別人講話的鸚鵡一般，背誦補習班教他（她）們怎麼答覆這面談問題的話，會馬上露出馬腳，爲什麼？

補習班教的制式答覆，對像我這樣的面談毫無用處。台灣的學生因爲覺得沒有典範，考生只能背誦補習班教他們的回答。當台灣的男生被問誰是他們心目中的典範，十之八九會回答史懷哲。史懷哲的情懷的確偉大，值得人人模仿。但我會追問這位考生到底認不認識史懷哲？他想模仿的是史懷哲的哪一個特點？如果史懷哲可以成爲他的典範，我大可以舉出至少一打與史懷哲同樣的人物，像弗氏的眼光、哈里森（Harrison）的醫德並不輸給史懷哲，只差在他們沒有到非洲去而已。但說史懷哲是典範的考生是否眞在念完醫學系後也決心到非洲做奉獻工作？我曉得他們所說的都各有不同的動機，說實話，就算他們想去非洲，恐怕家長也不會同意，因爲升學與賺錢是求學的基本目標，選擇醫學系尤其如此，能讓子女自由地跑到非洲偏僻的村莊奉獻的家長，恐怕是鳳毛麟角哩！

台灣的女考生也犯有同樣的毛病。問她們的偶像是何許人物，大多數的女考生會說是居禮夫人。我覺得這還好，因爲她們究竟沒提南丁格爾。南丁格爾是十九世紀中葉克里米亞戰爭時出現的護理學的鼻祖，想做醫師奉獻一生的人不應以南丁格爾爲楷模，以免爲自己選錯了路線。但問題不在居禮夫人抑或南丁格爾，問題在女考生知不知道南丁格爾和居禮夫人的爲人與起居，她們的風範與才華何在。她們僅有的一些資訊恐怕是來自念過的一本傳記而已吧。到底我們的女考生認不認識這兩位女士？知道她們的哪一點值得她們效法？她們知道南丁格爾是憂鬱症病人？除了她們兩位是歷史有名的人物外，選她們爲一生的目標，恐怕有失於不切實際，想學兩人的哪一點，焦點更顯得模糊。

典範最好要在你自己的周遭去找，才能符合學習典範的接近性（accessibility），也才能方便你觀察學習。如果以史懷哲或居禮夫人爲目標，或找鞭長莫及的人物爲典範，就沒有這個方便與效果。把史懷哲與居禮夫人這一類人物當作精神上的楷模是可行，但談到實際的細節，則有遠水救不了近火的缺點。

所以我要重複，典範要在自己的每日環境裡找尋，同時有幾個典範也無妨。學寫字可從一個典範學習，但這位典範可能在邏輯思考方面不一定是長才，那麼你可以另有典範，專門做你邏輯演繹的學習典範，這有什麼不妥?台風呢?上述兩位不見得是在這方面出衆而供你學習的目標，那沒人阻擋你另外找一個台風使你五體投地的人當作學習的典範，所以一個人同時有很多典範也不值得奇怪。這是我在開頭就說任何人都可以同時「找一個或數個典範」的原因。

當你從你的典範學夠了東西，你會漸漸地淡化了對你的典範的關注與惦念。但勿忘了不管是哪方面的典範，他還是曾經幫你建設生涯的重要人物，怎能有朝一日發現自己可從他學習的已經學完，就可摒棄不敬他？我一直認為凡是對我一輩子的生涯有過貢獻的人物皆值得我一輩子的敬愛，這與是否只暗地裡拜為師表並無直接關係。

多年前，民間組織主辦洛杉磯奧運而一舉成名的領導人彼得・烏伯羅斯（Peter Uberroth）說："Authority is 20% given and 80% taken"。我譯為中文說：「所謂尊敬，兩成靠別人給予，而八成靠你自己贏得。」如果我們做老師的不受學生尊重，最好自己多做反省，在做人方面有哪些缺陷，才弄得不受學生敬重，這比硬要別人尊敬你有效得多。強要別人尊敬是庸俗的表現，這樣得來的尊重其實不會持續，很快地會煙消雲散。

能成爲年輕人的典範，是每一個老師應有的目標，哈佛大學的羅索夫斯基曾經說學生如果不重視老師開的課，責任在開課的老師，如果做老師的人不能成爲學生敬仰的對象，理由與所開課程受學生漠視一樣。這是本人希望國內每所醫學院成立教師成長中心的眞正原因。現在這要求已像一陣龍捲風一樣地擴展至非醫學系的大專學府。如果我們的學生認爲在老師群中找不到典範，只能靠老師的反省。這與大陸的詩人所說的一樣，自己長得醜，不要怪鏡子。彼得・烏伯羅斯也認爲別人敬不敬重你，全靠你自己是否有兩把刷子。所以老師必須改造，讓自己能具備年輕人敬仰的氣質與品味。這與寫《判斷力》這一本書的日本著者奧村宏所說，大學教育的改革要從改造教授起步是同一種要求。

不少學校誤會了台灣醫學院評鑑委員會首先主張各校設立教師成長中心的著想何在。這些學校常舉行研討會，討論如何增強教師寫研究計畫爭取經費，研究能力的提升儼然成了教師成長中心的主軸。成長中心的設立目標其實是全面提高每一位老師在高等學府執行其天職的能力。什麼是高等學府老師的天職？天職包含三種，即教學、研究與服務。所以如果成長中心只以增強研究能力爲其中心功能，等於偏離了設立中心的本意。我在各地演講時常有聽衆要我說明這中心的遠程目標，我會毫不猶豫地指出，中心要使每一位教授成爲値得作爲年輕人典範的人。這個目標有其基本的理念，這理念是教師不具通識，就無法要求學生深化通識。教師如果不具有閱讀的習慣，要學生發展類似的習慣幾乎不可能。何況年輕人有電腦、手機等新科技發展出來的引誘物，叫年輕人跟著走你走過的同一條路並不容易，因爲時代有其潮流，年輕人的世界與我們住過的老世界有所不同。

但是，年輕朋友卻得小心，選擇典範是一種藝術，也需要智慧與正確的判斷。典範的對象不一定是與你年紀差距很大的人物，有時候是周圍的同儕典範，而同儕有不容輕視的壓力。如果在開始時選對了正確的典範，同儕都不是小混混，則互相琢磨與模仿就樣樣有用又能提升自己。如果選錯了對象，落入圈子後有時是很難抽身遠離的。這或者就是一般人所說的人在江湖身不由己，是我們常耳聞的一句話。有時候判斷錯誤，選擇的典範竟是以犯案、吸毒，以暴力欺侮弱者習以爲常的霸道人物，這會爲自己帶來一身禍。所以我們說典範，只指對自己、對別人有用的學習對象而言，堅拒在做人與治學兩方面都會使自己沉淪的榜樣。能做這個判斷是一種智慧藝術，做家長的往往在這一點能伸出一臂之力。國內每天都有青少年罪案的報導，看這些案子的內情，家長往往不知子女與誰爲伍或以誰爲師，不得不有所警惕。

對典範的敬仰可藏在心底而心照不宣，不必急著向典範宣布他（她）是你學習的楷模，這是人生很美的境界。年輕人從典範所領受的是身教與言教並重，俗語說君子之交淡如水，與典範接觸也有類似的地方。我曾指出選擇典範，有如人生初戀。如果想暴露這些事情，當你已是六、七十歲的時候再說也還未晚，不但未晚，還會帶起一絲惆悵的美而更爲溫馨，不是嗎？那時候再寫一書函表露他

（她）曾是影響你的典範是多麼美麗的一樁故事。其實典範不一定要在作古入土之前透露，永不揭露又有什麼不妥呢？

當你發現從一典範再無可學的東西，必須「另結新歡」，這表示你有了階段性的成長，你應慶幸。如果這種事情發生在你身上，大可另找典範，但已如上述，不應該減低對做過你典範的人的敬重。其實如果不再敬重他，等於世俗所說的過河拆橋，這會證明你還沒學到如何做人。

許多人問我，講了那麼多關於典範之我見，那我的典範是誰？我曾有過什麼典範讓我學習？我自己所選的典範可以說數不清，但我願意公開三個人爲例。

首先要算新竹中學蘇森墉老師對我的影響。他是國共內戰時由大陸撤退來台的福建音專畢業的音樂老師，也曾經擔任過我當時所謂初中時的級任導師。他是一位對生活品質有高度品味，道地的多才多藝的年輕老師。他的專攻領域雖然在音樂，但他寫一手使人傾倒的字，他寫的字在黑板上、在我們的周記裡龍飛鳳舞的模樣至今還歷歷如繪。他也是能使用淡淡的水彩而畫出一個幽靜情境的畫家，不但如此，他還能寫言之有物、文辭並茂的文章，實際上他常代國文老師教我們國文。在年幼的我們的心裡他儼然是西方達文西的化身。我學了他的才華的一切，包括他教我們的歌曲與樂理的緣由與內涵。我現在還記得當時他教的歌，這些歌還是我現在常哼的曲子呢！原因都是因爲他選歌曲有品味，這種習性深植我心。我也曾經潛心學他寫字，學到幾乎沒人分辨得出字是出於他的手或我的手的程度。蘇老師也影響我愛好音樂的習慣，我因而成了歷史傳統雄厚的竹中合唱團的第一任指揮。

我於一九五二年考上台大醫學系離開了新竹，但每次周末回到新竹都要到蘇老師府上談到半夜，弄到逗留在蘇老師家太久而使我母親不愉快的地步。但不久之後我已不像以前那麼常拜訪他。這是我上文所說的階段性成長的徵象。到現在他仍受我敬重，但當時我發現已經成長到必須另找典範與目標的階段。他現在患有嚴重的巴金森病，已成離開不了病床的病人。不久前，他還能走動寫字時，我收到他的書簡，看到他微微顫抖的字跡而百感交集。這表示蘇老師，我年輕時的第一位眞正的典範，在我選擇台大走醫學之路後，我曾像一個斷了奶的幼兒，與蘇老師分道揚鑣，各走了數十年不同的路程，經歷了不同的滄桑。我農曆年初還沒趨府拜訪，希望近日再去探視他。我雖然沒當面告訴他過去如何以他爲榜樣學習，但是他心裡一定明白。

繼蘇老師之後，我在台大所選的新典範是林宗義教授。林教授出身書香之家，而他自己又才華出衆，據稱二十七歲就從東瀛整裝回國主持台大精神科。他是一位風度翩翩的學者，風度與治學態度與其他人有別。如果有人在街上不期而遇到他，就算不知他爲何人，至少也會猜他一定是大學教授。他從流行病學的觀點研究精神分裂症而在國際揚名，當我國還是聯合國會員時在世界衛生組織曾擔任了重要的職務。他給我最大的影響是閱讀的習慣。因爲後來我負笈美國，每次他來美國華府地區都到我家裡停腳過夜。閱讀變成我熾烈的興趣是由他介紹給我的史諾（Edgar Snow）所寫的《中國共產黨黨史》點燃起的。他的台風與風度也是我所追隨的目標。林教授現在退休而居住於加拿大西岸。聽說他已老邁而難渡太平洋回台訪問。

林教授是唯一在我六十五歲時寫信告訴他曾是我的典範的人物。我寫時用的是英文，不久就收到他一封很誠摯的回信。

許多人表示二〇〇四年初聞當時請教兩位總統候選人何謂教養，到底這問題的原意何在。但最近，及二〇〇六年又有不少人說我具先見之明，因爲這兩年來可以用涉案人教養不足而來解釋的社會案件愈來愈多，愈來愈明顯。就說學術論文的作者掛名問題，在國內學術界是常見的糾紛根源。我在美國時曾經很欣賞一位同事對自己的名字該不該上一篇論文的作者名字之列的取決標準。她認爲如果自己沒本事根據論文裡的數據做一公開的學術演講，甚至講後有人提問時能對答如流，解決發問人的疑慮，她就不會同意空掛自己的名字來增加履歷裡的論文篇數。

不但是論文掛名的態度如此，她律己的嚴謹態度與倫理觀念的正確是我學習的榜樣。我因此在主持成大期間，修改同事的論文無數，但從沒有要求把我的名字列在作者名單上，如果我修改論文的同事未在論文的謝辭中提起我，我也不在乎。所以我在主持成大時未有半篇論文發表。我能達到這個境界，也是把同事當典範而學到的。

中國人不但說三人行必有我師，也說他山之石可以攻玉，這道破了典範的好處。

第十封信

如果我重做大學生

年輕的朋友：

歲月不饒人，逝去的歲月過去了，絕不能挽回。但我們每一個人卻可以回首過去自己走的路，發現錯誤與陷阱而警惕自己，免得再犯錯誤而枉費了時光。如果過去有成功的事例，更能攝取成功的要訣而加以如法炮製，以期下次在另一嘗試中能圓滿達成使命，如果這些反省能傳承到下一世代多好！

我現已年逾七十。根據衛生署的統計，我還有餘生十年左右。利用這餘生，能提升影響別人向上，這一生一定會更值得。雖然說光陰不再，但每一個人隨時都有修正餘生計畫的機會。甘地曾說我們應以永遠不死的觀念計畫一輩子，但每天做事情要拚命得像沒有明天可活。有一本日文的書叫《人生有餘熱》，裡面諄諄道來燒盡人生餘燼的難得，我也希望能燃燒自己照亮別人，到最後的一口氣吐出去爲止。有一樁作爲長者可以送給下一代的禮物是：如果再有機會重做一件事，我會怎麼做它的建議。我知道如果有人念我的書，一定以學生居多，我應該告訴讀者如果有幸再做大學生，我會注意哪些重點，免得讀者重走我錯誤的遠路。這對新世代會是一件重大的貢獻，因爲兩點之間的最近距離是連結兩點的直線，偏離了它會像我一樣爲了路曲折而浪費了不少時間。

我得告白，年輕時並不是沒有人告訴過我該走直線路徑達成人生的目標，但我得怪自己沒注意台大爲我們安排這種課程的苦心，有些事是馬耳東風未加反省，因而才只留痕跡而沒實踐。有些其他重要的敎誨則因社會周遭的風吹雨打而記憶失色變了樣，原來我在台大入學是半世紀前的一九五二年的事，入學後的英語課是按照學生入學考試的英文科的表現而分班的。我的英文特別優越，被分到一位芝加哥來的白人太太塔克（Tucker）老師的班上。她挑選的幾篇教我們閱讀的文章裡，有一篇與本文題目完全一致，叫做“If I Were a Freshman Again”這篇文章的題目對新生代的讀者來說很有價値。可惜就像我上面所說的一般，已把文章所言的內容淡忘了，浮在腦際的只剩下題目而已。

但忘了內容也好，因爲那篇文章撰寫的時代並非二十一世紀科技快速躍進的時代，現在更是電腦引起生活型態完全蛻變的時代。一九五二年的那篇文章，可能有很多要點與內容已經不合時宜也說不定。更重要的是我自己也有了一番閱歷與看法，重新照我的意思以同樣的題目寫一篇更合時宜的文章，有特別的意義又好玩。

上大學與中學不同的是每位大學生都要知道不同的教室在哪裡，下課鐘聲一響，授課老師宣布下課，學生就得熙攘地往各自的下一個上課地點移動，這是大學的寫照。有一位教育家曾為中學與大學下了定義，以資區分兩個層次不同的教育內涵。他對中學的定義是這樣的：

「中學是學生端坐在課桌椅，洗耳恭聽老師根據昨天的知識而編撰的教科書傳授知識爲主的地方。」

這一點也不錯，強調了中學是以傳授知識爲主的地方。但我要提醒讀者，它並沒有說當了中學生就不能做分析與思考，其實閱讀與思考才是學習最有效的學習方法，這道理已在〈閱讀是終身學習的唯一途徑〉一信中提及。中學的教科書只包含昨天的知識嗎？不錯，並沒有人規定中學不傳授今日的知識。但事實上，教科書是要編撰的，而且是要經過審查再印刷分發的，這些花時間的程序總免不了。何況中學還是在比較高層次的啓蒙過程，教的多半是已經經過很多人證明與考驗的基本原則而已，還沒有定論的學說較少出現。因而說中學教科書以昨天的知識爲主，並沒有過分之處。最後該提一提的是「端坐在課桌椅」這句話，這說起來也有它的眞實性。中學大都有固定的教室與座位讓每一個學生坐著上課，也是大多數社會從小學到中學的管理定規。總而言之，上述關於中學的形容有它貼切不過的一面。但同一篇文章裡是如何定義大學的呢？

「高等學府，應該是學生自己積極吸收知識來造就自己的地方。學生應以老師爲榜樣，領受其身教言教，開發自己的知性，豐富它、擴展它，學做一個專業人應該如何處世的觀念，學習明日的知識。」

高等教育往往有參考書但沒有教科書，因爲在高等學府所學的是知識的第一手貨，所授的不是已經考驗與實證的定理，而可能只是預測。所以在大學裡念的書是沒有邊際而會摻雜一些學術論文的。與高中相比，在大專閱讀習慣與聯想力的發展是上課的重點。最主要的不同，是學習的責任比高中還傾向於學生自己，由學生採取主動與教授接觸，領受其身教與言教。它應是一種菁英教育，而不應該是徹底的普及教育。它也不講究一間固定的教室或固定的座位，因爲大學裡基本上是學生主動地求教於教授，所以上課地點會因課是什麼課、由哪一系或科主授有關而有異動。至於這裡所說的專業觀念如果譯爲英文應是professionalism。professionalism一詞在中文除了社會上通用的「專業精神」以外，沒有適當的字詞可譯，故暫予借用。綜合上述兩個層次的學校的解釋，進入高等教育的中學畢業生應該立即做與開車換檔類似的動作，因爲高等教育的學習有異於中學教育。

如果重做大學生，我要清楚地分別教育與訓練的分際。教育的目的在培養眼光、正義感、邏輯演繹、道德勇氣與人類愛等。這些精神面的成長有益於明辨是非、批判、做決定與實踐力行能力的培養。綜言之，它是以發展價值觀爲主，目的在賦予智慧。如果用時髦的ＩＱ與ＥＱ相比，教育的目的偏重於ＥＱ的一面。那我們所注重的學以致用與謀職的技能不叫教育？對，它也是教育的一種沒錯。但依眞正嚴謹的定義來說，它只是訓練而非教育。這也是談到訓練，就非抬出教育來相對照，才容易把兩者的異同講明白的緣由。

教育與訓練兩者有無關係？答案是有。兩者缺一，對社會的進步沒有好處。這與ＩＱ及ＥＱ要相平衡，做事才容易成功是同一種道理。經過訓練，技能具備在身，這技能用在何處？如果只有訓練而忽視教育，我們造就的大衆會偏向技術人（technocrat）。社會充斥技術人，注重餬口維繫生計的人會較多。這技能究竟用在何處才對社會衆人有利，因有智慧的落差而難以尋獲。或者用白話一點的表達方法說，刀口到底在何處，是要靠智慧養成的判斷力與決定力來尋獲的。知識用在何處較好的利他利己的抉擇，與財富累積後的尋覓刀口用它是同一個道理。

澳洲有一位已過世的醫師也是科學家文生・齊格斯（Vincent Zigas），曾在他的書《笑對死亡》（*Laughing Death*）裡說：「很多人認爲教育的目的是腦子能裝多少知識就裝多少知識，如果這是教育的目的，那就差之毫釐失之千里。我們買一棟房子不見得就有家，買的房屋還得有人住，也必須加以裝潢。所以教育的目的在使人知道吸收的知識應用在什麼刀口，記得知識是用來做思考與判斷的資料，不是明白事理而已。」

如果重做大學生，我會注重學習好習慣的建立，我所求的是學習的方法論。我曾與七十位同學在台大醫學系共硯，明明覺得才華煥發而前途無量的同班同學，經四、五十年不見，這些同學中，成了鄉下佬的大有人在。我分析其中道理，主要原因是他們求學時代沒有學好能與時代並進的學習方法論所致。我希望我會變成一輩子繼續學習，而能一輩子身教與言教，換言之，影響別人上進的一個人。

如果重做大學生，我會趕快學好怎樣獨立。我才能更清楚地了解爲誰而戰，爲誰而讀。這個道理我在〈爲什麼要求學？〉一封信裡講得很清楚了，不必再重複。也唯有獨立，才不至於身繫江湖身不由己。外國的一般教育叫 liberal arts。有的教育家認爲之所以叫

liberal arts，指的是經過這類教育的人的思想應獲解放，成爲自由之身。可見，人要能從死板的學習環境解放而衡量自己。

如果我有重做大學生的機會，我一定學習把人當作一個整體的人。人絕不是器官的組合，而是與環境息息相關的個體。說起這些話，一定有人指著我說，我這樣說因爲我是醫師。其實不然。對，把人當作完整的一個人的觀念對從事醫業的人來說當然重要，但對非醫業的人來說，也一樣重要，因爲它會影響我們社會的生命觀與價值觀。

考慮人的身軀時，把靈魂也一起考慮，生命就有不同的面貌。阿伯拉罕·海爾謝說人體僅有能製成七塊肥皂的脂肪，用來做一根中型大小鐵釘的鐵，軀體有夠做兩千枝火柴的磷。經耶魯大學的外科教授一算，人體的組成元素與水分，全加在一起換算市價，不會超過六美元。莎士比亞在《威尼斯商人》的戲劇裡藉夏洛克說：「人肉的價值，連羊肉都不如，說實話我要你的一磅肉幹什麼？」這裡的你，當然是安東尼奧。舉這個例子，只在強調人沒有了靈魂，身體是一個化學物品而已。尊重生命的存在，是做人的基本道理。我們還得學如何與他溝通呢！

我也會注重歷史觀，這要從閱讀獲得。我說過歷史觀不應是流水帳，而是觀念的問題。我也不是說懂歷史書就要準備做歷史家。但了解歷史會給人一個了解事情始末的習慣，這對同中求異、異中求同的分辨力會有很大的幫助，而同中求異或異中求同不正是治學的基本動作？

但我要徹底覺悟，莊子的話：「人生也有涯，知也無涯，以有涯逐無涯，必也殆矣。」表示人生之短，而要學的事項卻數之不盡。西方醫學的鼻祖希伯克拉底斯也說過"Life is short. Art is long"，與莊子所言是同一個道理，只有孜孜不倦，學到最後一口氣吐出去爲止，才算盡了智識分子的本分，事情學不完是人間之常規。

如果要我整理成一警句集，會如下列：

1. 如果我重做大學生，我會發展一套有效的自學方法，這樣我才會成長一輩子，愈來愈充實。

2. 如果我重做大學生，我很想擴大我的知性能量，增強細心觀察人間諸事的能力，思考合乎邏輯而判斷與決定要果敢而正確。希望我能學得一套在諸事中找出深處脈絡的功夫，這將有助於我異中求同，同中求異。

3. 如果我重做大學生，我要培養閱讀的習慣，而且擴大閱讀的範圍，包括專業以外的書。

4. 如果我重做大學生，我會很虛心地學習別人。我會小心選擇周遭的典範，像一塊渴望吸水的海綿一般向典範學習。

5. 如果我重做大學生，我會學好如何利用有限的時間。

6. 如果我重做大學生，我會學好言行一致的勇氣以及抵得住寂寞的功夫，不會人云我云而同流合污。

我不知道如果我重做大學生，上面所提的是否都能做到。我不確知，但我相信，我會先學做人，再做專業人，這樣，做到以上所有目標的機會較大。

給青年學生的十封信

2006年5月初版　定價：新臺幣220元
2013年10月初版第九刷

著者　黃崑巖
總編輯　胡金倫
發行人　林載爵

出版者　聯經出版事業股份有限公司
地址　台北市基隆路一段180號4樓
編輯部地址　台北市基隆路一段180號4樓
叢書主編電話　(02)87876242轉221
台北聯經書房　台北市新生南路三段94號
電話　(02)23620308
台中分公司　台中市北區健行路321號1樓
暨門市電話　(04)22371234 ext.5
郵政劃撥帳戶第0100559-3號
郵撥電話　(02)23620308
印刷者　世和印製企業有限公司
總經銷　聯合發行股份有限公司
發行所　新北市新店區寶橋路235巷6弄6號2F
電話　(02)29178022

叢書主編　林芳瑜
校對　吳淑芳
封面設計　翁國鈞

行政院新聞局出版事業登記證局版臺業字第0130號

本書如有缺頁，破損，倒裝請寄回台北聯經書房更換。　ISBN 978-957-08-3010-1 (精裝)
聯經網址 http://www.linkingbooks.com.tw
電子信箱 e-mail:linking@udngroup.com

國家圖書館出版品預行編目資料

給青年學生的十封信／黃崑巖著．
--初版．--臺北市：聯經，2006年
192面；13×19公分．
ISBN 978-957-08-3010-1（精裝）
[2013年10月初版第九刷]

1.修身 2.青少年

192.12 95008220

給青年反對者的信

作者：克里斯多福·希鈞斯
(Christopher Hitchens)
譯者：林東茂

人們普遍視為理所當然的，往往形成命定論或是犬儒心態，只有不斷提醒自己，不要讓自己的想法受到任何黨派或派系的宰制，無論他們心智如何高超。也不要相信高談闊論「我們」的任何演說者，或是以「我們」之名說話的人。

給青年CEO的信

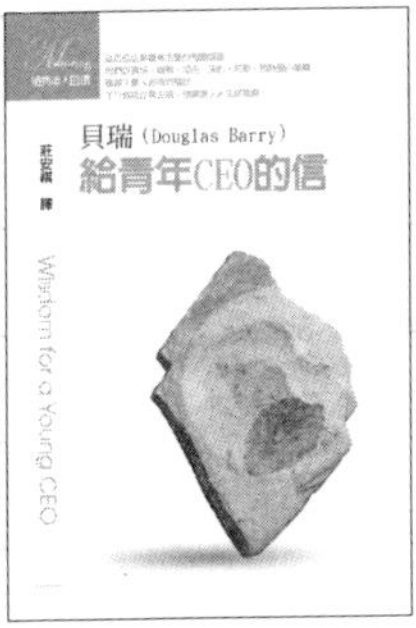

作者：道格拉斯·貝瑞
(Douglas Barry)
譯者：莊安祺

舉世最傑出、最有成就的CEO，為本書讀者提出私房指引，並且分享他們直接而坦率的想法，對於如何在企業階梯中登峰造極、如何完成他們的任務，提出權威性的建議。這些難能可貴的意見，對每個人都是莫大的啓發。

給青年詩人的信

作者：里爾克
（Rainer Maria Rilke）
譯者：馮至

本書所選輯的十封信，是里爾克對一位素昧平生的年輕詩人所提出的建言，亦是他對創作者步入詩壇最真切的警語。行文間不僅流露詩人的堅毅性格，也反映藝術創作者在面對孤獨與自我修為的執著，對現今的年輕藝術家是一帖醍醐灌頂的良方。

給青年建築師的信

作者：漢寶德

本書提供建築新人完整的建築內在與外在視野。作者提出「大乘的建築觀」，建議青年人以入世的精神從事建築，主張「雅俗共賞的建築觀」即人文主義兼顧雅俗的美學態度。對於傳統建築，漢寶德主張：「好的才保存」而非「保存就是好」。

給青年藝術家的信

作者：蔣勳

一首樂曲、一首詩、一部小說、一齣戲劇、一張畫，其實往往沒有什麼最後的結局，它們只是像不斷剝開的洋蔥，一層一層打開我們的視覺、聽覺，打開我們眼、耳、鼻、舌、身的全部感官記憶，打開我們生命裡全部的心靈經驗。

給青年小說家的信

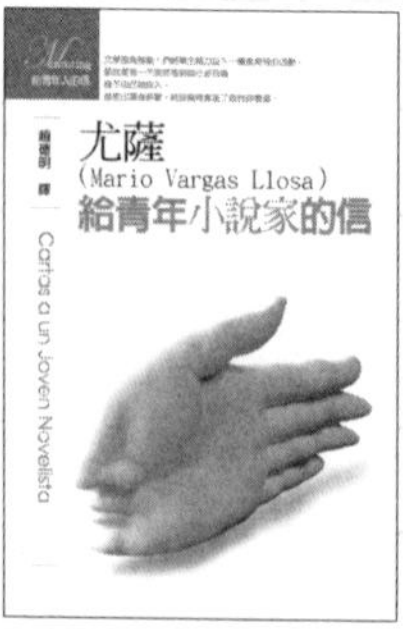

作者：馬利歐．巴爾加斯．尤薩
(Mario Vergas Llosa)
譯者：趙德明

如果能夠充分運用自己的才華，那就是對這一才華的最高獎勵，這種獎勵遠超過創作成果所獲得的一切名利。文學抱負推動人們將畢生精力投入一種很奇特的活動，那就是有一天突然感到自己被召喚，身不由己地投入，並使出渾身解數，終於覺得實現了自我的價值。